FOREWORD　創刊に寄せて

迫りくる医療クライシス
── 2040年への処方箋を求めて

　2040年に向けて、日本の医療は未曾有の危機に直面する。それはパンデミックでも、新型感染症でもない。静かに、しかし確実に進行する「人口減少」という名の病魔だ。総務省統計局の人口推計2023年によると、日本人人口はこの1年で83万7000人が減少した。この佐賀県や山梨県の人口規模が毎年、自然減していく現実の先に待ち受けるものは何だろうか。まるで坂道を転がり落ちるように、加速度的に進む人口減少は、医療提供体制の根幹を揺るがしかねない。

　国土交通省の「国土のグランドデザイン2050」には、自治体規模によるサービス施設の配置傾向が示されている。例えばスターバックスコーヒーは、人口27万5000人を超える自治体で80％の確率で立地し、17万5000人規模だと50％となる。郵便局は人口500人で80％、金融機関は9500人、博物館・美術館は8万7500人で配置されやすい。言い換えれば、人口減少によって、上記の数字を下回る自治体になれば、多くのサービス施設が次々と閉店する事態に直面するとも言える。そして、医療へのアクセスも、同じように困難になる可能性がある。医療はあって当たり前のもの、という認識は近いうちに過去のものとなるだろう。

　2020年まで、労働人口の減少は日常の営みを過ごすうえではあまり顕在化してこなかった。団塊ジュニア世代の増加や定年延長、再雇用制度によって、減少分が補填されていたからだ。しかし、コロナ禍による3年間の社会変化は、この均衡を崩した。医療現場の人手不足は深刻さを増し、医療サービスの質の低下、アクセス制限といった事態が現実味を帯び始めている。

　問題はそれだけではない。日本の医療制度そのものにも課題がある。医療法人は、非営利を原則としている。その性質がために投資を阻害し、資金不足にあえぎ、最新技術の導入もままならない医療機関が少なくない。加えて、医療関係団体間の連携不足、縦割り行政による非効率性も、医療の技術革新の足枷となっている。

　この危機を乗り越えるために、私たちは何をすべきか。答えは、医療のDXの推進にある。AIによる診断支援、ロボットによる手術補助、遠隔医療による地域格差の是正、医療現場の業務効率化、医療従事者の負担軽減、そして質の高い医療サービスの提供。これらすべてを実現するカギが、DXなのだ。

　しかし、技術革新だけでは不十分だ。医療関係者、医療関連企業、そして私たち一人ひとりが当事者意識を持ち、連携を強化していくことが不可欠である。医療のDXは、一部の専門家や企業だけが取り組むものではない。すべてのステークホルダーが共通のビジョンを描き、協調して行動を起こす必要がある。

　日本は、世界に先駆けて超高齢化社会に突入した。私たちはいま、人類未踏の領域を航海しているのだ。困難な航海には、羅針盤が必要だ。医療のDXこそ、日本の医療の未来を照らす羅針盤となるだろう。2040年、日本の医療が輝き続けるために、いまこそ、私たち全員で医療のDXという羅針盤を手に、未来を切り開いていこうではないか。

2025年1月
日本能率協会

CONTENTS

THiNK! シンク!別冊 No.15

2040年医療における
DXとデジタルヘルスによる
未来への航海

超少子高齢化社会への挑戦

1 | FOREWORD

創刊に寄せて

Chapter

1

人口減少時代の
医療の課題と展望を探る

6 | SPECIAL TALK

未来を切り拓く医療の道標
医療のDX推進のカギは?

猪口 雄二　公益社団法人全日本病院協会 会長
加納 繁照　一般社団法人日本医療法人協会 会長
中村 正己　一般社団法人日本能率協会 会長

13 混合診療は日本の医療の希望になるか?
テクノロジーが医療の定義を変える未来

真野 俊樹　中央大学大学院戦略経営研究科 教授

19 日本海ヘルスケアネットの未来戦略
地域医療の存続に向け結束する

栗谷 義樹　地域医療連携推進法人日本海ヘルスケアネット 代表理事

26 超高齢化社会に医療の未来をつなぐには
能登の危機を救ったけいじゅヘルスケアシステム

神野 正博　社会医療法人財団董仙会 恵寿総合病院 理事長

32 QOLが問われる時代のPHR
本人起点のデータ活用で日本の医療を次の段階へ

石見 拓　一般社団法人PHR普及推進協議会 代表理事
　　　　京都大学大学院医学研究科社会健康医学系専攻 予防医療学分野 教授

38 第三者評価は医療の質をどう変える?
医療の質は職員の質　評価と教育がもたらす経営変革

河北 博文　公益財団法人日本医療機能評価機構 理事長

　　　　特別鼎談

44 病院給食の赤字2700億円の衝撃
業界トップが語る　医療関連サービスの未来

窪田 伸　株式会社ミールシステム 取締役会長
竹原 潤　株式会社システム環境研究所 代表取締役社長
森 清司　森ヘルスケア・サポート株式会社 代表取締役社長

Chapter

2

生き残りをかけた
病院経営の革新と挑戦

52 ＤＸ成功事例の立役者に聞く
院内理解の秘訣は人と戦略にあり

榊原 祥裕　公益財団法人操風会 岡山旭東病院 IT推進センターCIO 情報システム室 室長

59 地域医療構想による医療の質強化
人口減に公民一体病院で拓く活路

仁科 盛之　一般財団法人三友堂病院 理事長

65 地域医療を守り抜き、営業収益も向上させた成功事例
地域医療再編統合を成功に導いた要諦

杉山 達哉　日本赤十字社 医療事業推進本部経営企画部 参事

71 今こそ医療機関の機能強化を
合併・譲渡が成せる存続の戦略

川原 丈貴　川原経営グループ 代表
赤羽根 信廣　川原経営グループ 開業承継支援部 担当部長

Chapter

3

医療のDX：
未来を拓くテクノロジーとイノベーション

78 デジタルヘルス先進国に学ぶ最新事例
医療データ標準化がもたらすヘルスケア産業の新時代

植村 佳代　株式会社日本政策投資銀行 産業調査部 産業調査ソリューション室 副調査役

84 医療ITのパイオニアに聞く
医療ITの変遷と2040年への展望

高橋 秀明　ウィーメックス株式会社 代表取締役社長

90 地域偏在を緩和し、命をも救う通信の力
通信がかなえる遠隔医療

森広 芳文　株式会社NTTドコモ モバイルイノベーションテック部 ソリューション技術担当 担当部長
堀瀬 友貴　株式会社NTTドコモ モバイルイノベーションテック部 ソリューション技術担当 担当課長

97 DXで覆す医療の常識
生成AIが拓く働き方とヘルスケア改革

清水 教弘　日本マイクロソフト株式会社 ヘルスケア統括本部 医療・製薬本部長

103 日本医療に迫る変革の時機
イノベーションが加速するエコシステムのあり方とは

内田 毅彦　サナメディ株式会社 代表取締役

109 "助手ロボット"は手術現場をどう変える
国産手術支援ロボットがもたらすDX革新

安藤 岳洋　朝日サージカルロボティクス株式会社 取締役

115 EPILOGUE

「集団天才」で難局を打開し
新価値を創造する

小宮 太郎　一般社団法人日本能率協会 専務理事

119 EDITOR'S NOTE

編集後記

Chapter

1

人口減少時代の
医療の課題と展望を探る

逼迫する医療現場。増え続ける医療ニーズに対し、
供給体制は限界を迎えている。
人口減少、高齢化、医療従事者の不足……。
医療を取り巻くさまざまな課題を多角的に分析し、
未来への展望を探る。

SPECIAL TALK

未来を切り拓く医療の道標
医療のDX推進のカギは？

超高齢化社会に突入しつつある今、日本の医療現場は大きな転換期を迎えている。
医療ニーズは増加の一途をたどる一方、医師や看護師をはじめとする医療従事者の不足は深刻化し、
医療現場は疲弊の度合いを増している。2040年を見据えたとき、日本の医療はどのような課題に直面し、
それを克服するために何が必要となるのか。公益社団法人全日本病院協会会長の猪口雄二氏と、
一般社団法人日本医療法人協会会長の加納繁照氏を迎え、今後の医療の方向性について議論していただいた。

Photo: Takashi Yamade　Text: Shun Kato

中村 正己 × 猪口 雄二 × 加納 繁照
一般社団法人日本能率協会 会長　公益社団法人全日本病院協会 会長　一般社団法人日本医療法人協会 会長

2040年、増える医療需要と減る人材

中村　日本の総人口は、2030年で1億2000万人を切ると言われています。うち、生産年齢人口は6900万人を切ると見込まれており、すでに厳しい局面を迎えているわけです。医療業界も慢性的な人手不足に悩まされており、医師をはじめとする医療従事者が長時間労働を強いられながら支えているのが現状と言われています。ますます深刻化する人口減少は、医療現場にどのような影響を及ぼすと予想されますか？

加納　日本の人口は減少の一途をたどっており、医療現場への影響は避けられません。とくに、2042年まで65歳以上の高齢者人口が増加し続ける中、高齢者医療の需要増への対応が喫緊の課題となっています。

　一方で、少子化の影響で働き手の減少は避けられません。その2042年頃には、昨年、一昨年に生まれた子たちが20歳前後となり医療従事者としても中心的な役割を担うことになりますが、彼らの数は、われわれの世代の半分以下になってしまいます。限られた人数で、増加する医療需要に対応しなければならないという、非常に厳しい状況に直面することになります。

猪口　政府は2025年に1つの区切りを迎える「地域医療構想」を推進しており、現在、さらにその先の2040年を見据えて新たな医療提供体制の構築を目指しています。

　政府は医療・介護人材の確保を掲げていますが、現実的には容易ではありません。限られた人員で、いかに質の高い医療・介護を提供し続けられるか。これを議論するには、2040年からバックキャストして「今打つべき手」を考える必要があります。

　2040年を見据えると、現在の医療・介護体制を維持するのはもはや不可能です。現在の制度において細かく定められている枠組みを大幅に書き換えない限り、2040年を迎えられないと言っても過言ではありません。大胆な制度変更が求められます。

中村　お二人のお話をお聞きするに、現行の医療・介護体制を維持することは難しく、抜本的な改革の必要があることを感じました。もう一点、現況を整理させていただきたいのですが、新型コロナウイルス感染症の影響で、医療現場は大きな負担を強いられました。離職された方も多いと聞いていますが、実際にはどのような状況でしょうか？

加納　コロナ禍がきっかけかどうかはわかりませんが、看護師が離職するケースが全国的に増えています。看護師不足は、現場における業務の負担増もさることながら、病院経営にも深刻な影響を与えています。

　看護師の数は診療報酬に直結しますので、看護師不足は病棟の縮小や閉鎖につながりかねません。2040年の医療提供体制を考えるうえで、喫緊の課題と言えるでしょう。

中村　「令和4年版 厚生労働白書」によると、2040年には医療・福祉分野の就業者数が96万人も不足すると見込まれています。各業界で人材不足が叫ばれていますが、教育・育成の観点からも、一朝一夕に解決できるわけではありません。お二人は、人材不足の現状をどのように受け止めておられるのでしょうか。また、この問題にどのように取り組んでいくべきでしょうか？

猪口　日本全体の衰退をくい止め、GDPを上げなければ、豊かな医療も実現できません。したがって、医療・介護分野だけ人材を確保すれば良いというわけではなく、新規産業も含めた各産業のバランスをとりながら、人材配置の最適化を図る必要があります。

加納　病院の給食や清掃業務を担う働き手の不足も、すでに多くの病院で顕在化しています。これらの業務を外注している病院も増えてきていて、病院経営を圧迫する要因となっています。

猪口　給食に関しては、30年間も給食料は上がらなかったのです。長年交渉を重ねてきて、今回やっと 1食30円上がりました。ただ、この数年で考えても、コンビニ弁当は1食150円ぐらい上がっていますよね。医療現場では、治療食から普通食まで多様な食事の組み合わせを、朝8時と夕方18時という厳密に決められた時間に提供し、片付けまでしなくてはなりません。仮に19時に食事を引き上げたとして、それを綺麗に片付けたら22時に

SPECIAL TALK

なってしまいます。朝の5、6時から夜の22時までの時間をどのように人材確保していくのか。深刻な課題です。

30年ほど前は、団塊世代の女性がパートタイムで給食を支えていました。しかし現在では、それも難しくなっています。病院だけではもはや対応できませんから、日本メディカル給食協会や日本栄養士会にも議論に加わっていただきながら、工夫を重ねているところです。

セントラルキッチンに代えて、調理済みの冷凍食などを取り入れている病院も増えており、栄養学や規則に対応しつつ、質を保ちながら効率化を図っている病院もあります。

中村 病院の業務効率化という点では、自動化やロボット化なども期待されます。例えば、夜間の見守りや病院内の清掃といった業務にテクノロジーを取り入れることで、人手不足を補ったり現場の負担を軽減したりすることもできそうです。ロボットが人に代わって病院内の業務をこなすようなことは現状では難しいのでしょうか？

加納 病院内をお掃除ロボットが行き交うような時代が来ると期待していますが、現状では難しいと言わざるを得ません。

猪口 人が多く行き交う病院内では、現スペックのロボット導入は難しいでしょうね。もっとも、静音機能が向上すれば、夜間など人が少ない時間帯に稼働させることは可能かもしれません。

中村 人手不足もさることながら、物価や人件費、光熱費などが軒並み高騰する中、国民皆保険制度の枠組み内での運営を強いられる病院経営も困難を強いられていると想像します。経営の観点から見ると、どのような課題があるのでしょうか。

加納 医療施設や社会福祉施設の整備のための貸付事業などを行う独立行政法人福祉医療機構の速報データによると、2023年の一般病院の医業利益率はマイナス2.0％、経常利益率はマイナス0.1％と、いずれも過去最悪の水準にまで悪化しています。

しかもこのデータは、融資を受けている医療機関のデータですので、相対的に経営状況の良い医療機関の現況を表しています。一般病院全体の状況はさらに深刻なものと推測されます。

そんな中、2024年度の診療報酬改定が行われました。われわれとしては、病院経営の厳しい状況を踏まえた改定を期待していましたが、残念ながら、物価高騰をはじめとする経費上昇を十分に反映したとは言いがたい内容でした。このため、多くの医療機関は、いまだ厳しい経営を強いられています。

診療報酬改定は2年に1度ですから、このままでは、2023年、2024年、2025年と3期連続赤字になるところも……。そうなると、金融機関からの借り入れが難しくなり、経営破綻に追い込まれる医療機関も出てくるでしょう。

事実、小泉政権下の2006年度に診療報酬の大幅な引き下げが行われた際には、多くの医療機関が赤字に転落し、金融機関による貸し渋りや貸し剥がしなどが横行しました。このような事態を避けるため、医療機関への融資に関する対応を金融機関に指導いただけるよう、金融庁に要望したところです。

猪口 医療機関の経営状況の悪化は、地方においてはさらに深刻です。地域にとって必要とされている病院で

PROFILE

猪口 雄二（いのくち・ゆうじ）

1955年生まれ。1979年獨協医科大学卒業。1987年寿康会病院院長、2017年6月より現職。地域包括ケア病棟協会、東京都病院協会、学校法人獨協学園、日本医療機能評価機構、日本医療教育財団の理事などを歴任。

あっても、病床数を削減せざるをえなくなったり、経営が成り立たずに閉院に追い込まれたりする懸念が高まっています。

施設が老朽化すると、建て替えや設備投資にも多額の費用がかかりますが、診療報酬収入だけでは到底賄えません。今後、金利が上昇すれば、さらに経営を圧迫するでしょう。国による抜本的な制度改革が求められます。

中村 先ほど加納先生にお示しいただいたデータは、一般病院のものでした。一口に病院と言っても、独立行政法人国立病院機構などが運営する国立病院、大学が運営する大学病院、都道府県・市町村などの自治体が運営する公立病院、そして医療法人や社会福祉法人などを母体とする一般病院（民間病院）に分けられます。日本の病院の8割を占める民間病院とその他の病院とでは、置かれている状況は異なるのでしょうか?

加納 前提として、民間病院以外の病院の中でも、国立病院・大学病院と公立病院とは分けて考えるべきです。公立病院は総務省からの補助金を受けており、その総額は毎年のように上がっています。2022年にはついに8500億円を超えました。

例えば、急性期医療を担う病院の場合、公立病院には1床あたり1日1万円以上の補助金が支出されています。仮に病床数300の病院であれば、毎日300万円以上のお金が診療報酬以外に入る計算になりますから、補助金が投入されない民間病院との間に大きな格差が生じます。

猪口 自治体によっても大きなばらつきがありますね。ちなみに東京都では、都立病院に対して500億円を超える補助金が投入されています。

加納 公立病院への補助金支給の理由となっている「政策医療を担う」という役割は、公立病院への依存度が高い地方については納得がいく説明です。しかし、こと大都市では、公立病院も民間病院も同様に医療を支える役割を担っています。公立病院には多額の補助金が投入され、その周囲の民間病院が疲弊している現状には、疑問を感じざるをえません。

厳しい経営環境の中、民間病院は自助努力で経営を維持する一方、公立病院への補助金は、建物の建設費だけでなく、人件費や運営費にも充てられています。不公平感が否めませんね。

大都市における「政策医療」の内容を精査し、抜本的に見直す必要があるのではないでしょうか。それでも補助金の支給が必要であると判断されるのであれば、同等の働きをしている民間医療機関に対しても補助金を支給すべきです。

このままでは、民間病院の経営はますます厳しさを増し、医療提供体制の崩壊につながりかねません。

猪口 民間病院の経営破綻は、地域医療の崩壊に直結する問題です。経営難や後継者の不在によって地域の医院が閉院されれば、地域住民は質の高い医療サービスを受けられなくなってしまいます。

国民皆保険・コロナ対応
日本医療の強みとは?

中村 現制度のままでは、民間病院の存続自体が危ぶまれるということですね。日本の医療を取り巻く環境や、限界が近づきつつある制度の打開策を考えるうえで、欧米の医療業界に学ぶべきヒントなどはありますか? あるいは、海外と比較して、逆に日本の医療に評価すべき点もあるのではないでしょうか?

猪口 医療制度も保険制度も国によって異なる中、日本と海外を単純比較したところで実態は見えてきません。

例えば、病床数の多さと入院期間の長さが、日本の医療の短所としてよく指摘されます。しかしながら、アメリカでは、急性期医療の専門病院と回復期医療や療養医療を専門とする病院が明確に分かれていることが多い一方で、日本では急性期からリハビリ、療養期までを総合的に扱う病院が多い。急性期の専門病院と全般を扱う病院とを比較して「日本の病院の病床数が多い」と批判されるわけですが、そもそも比較対象が違います。

制度面の違いに目を向けますと、日本には国民皆保険制度があり、救急医療体制も充実しています。このため、日本では今のところまだ、かかろうと思えばどこでも

誰でも医療機関にかかれます。

これがイギリスのようにすべての医療機関が国営化されているようなところだと、まずはかかりつけ医師を通して紹介されたところにしかアクセスできず、手術だろうとがんだろうと何ヵ月も待たされることも珍しくありません。

加納 コロナ禍での対応にも違いがありましたね。急性期医療の専門病院が地域ごとに集約化されている欧米では、コロナ感染者もその他の患者も同じくその集約化された病院に運ばれます。一方、日本では、第1波でコロナ感染者に対応する病院とそれ以外の救急患者に対応する病院との役割分担が構造的になされたことで、欧米のような感染爆発は起きませんでした。

コロナ禍では、日本の民間病院への批判が盛んに報道されましたが、厚生労働省の確保病床数に対する入院患者数の割合データを見ると、多くの民間病院が、経営的な苦境に立たされながらもコロナ患者を受入れてきた実態が見えてきます。

第5波から第8波までの公立病院・公的病院は一貫して60％前後の受入れで横ばいだったのに対し、民間病院は第5波で78.8％、第6波で106.2％、第7波で109.8％、第8派で131.6％と、そのキャパシティーを超えて奮闘していました。

日本の医療機関は、その8割が民間病院で、地域医療における重要な役割を担っています。しかも国民皆保険制度の基盤があるために、世界に誇れる質の高い医療に比較的安価にアクセスできます。このような日本の医療機関の強みを守っていくことが、これからの日本の医療を支えるうえでも重要なのではないでしょうか。

医療のDX推進に向けて「足並みそろえて」

中村 報道されているイメージとは裏腹に、日本で質の高い医療が広く行き渡っている影には、利益度外視で奮闘されている民間病院の存在があると理解しました。多くの民間病院が経営難に直面する中、今後も医療費の増加を抑えながら質の高い医療を提供していくには、抜本的な改革が不可欠なのではないでしょうか。改革の手段のひとつとして医療のDXに期待がかかります。先生方は、医療のDXの現状と展望をどのように捉えておられますか？

猪口 現在、国の標準型レセプトコンピューターを中小病院や診療所に提供して、負担軽減を図る動きがあります。さまざまな計算システムを国が統一化してくれれば、省人化にもつながります。また、今後AIがより発達すれば、看護師に代わって夜間の見守りを担うセキュリティーシステムや、自動で薬を分包できる投薬システムなども構築できるかもしれません。

ただ、効率化できるテクノロジーがあっても、制度上の制約が大きい現状のままでは何も変わりません。医療のDXを推進するには、制度面から変えなくてはなりません。

また、人手が減ることでコストが下がったとしても、そ

PROFILE

加納 繁照（かのう・しげあき）

1980年順天堂大学卒業後、京都大学医学部附属病院消化器外科に入局。神戸海星病院、大阪赤十字病院で研鑽を積み、大阪大学医学部附属病院のがん研究施設にて研究に従事。1999年に特定医療法人協和会（現・社会医療法人協和会）、社会福祉法人大協会の理事長にそれぞれ就任。日本医療法人協会会長、全日本病院協会常任理事などを務め、医療法人制度の構造改革や災害時の医療支援チーム発足にも尽力。

れに合わせて診療報酬の単価が下がってしまっては意味がありません。システムの導入と維持には再投資が必要で、人手が減ったからといってただちに経費削減できるとは限らないからです。

加納 そのとおりです。電子カルテひとつとっても、導入コストが非常に高額であり、これが導入のハードルとなっています。

われわれも7～8年おきにシステム更新をしていますが、更新のたびに価格が上がっています。以前は1病床あたり100万円程度だったイニシャルコストが、今では最低でも200万円、場合によっては500万円くらいまで上昇しています。しかも、その1割程度のランニングコストが毎年発生するため、医療機関にとっては大きな負担です。

さらに、こういったシステム運営のために専用スタッフを雇わなければならないことも多く、結果的に人手も費用負担も減らないどころか、逆に増えてしまうケースも……。

猪口 欧米では、クラウドネイティブの電子カルテがすでに普及しており、巨大IT企業がそのシステムを支えています。しかしながら日本では、そのような大規模なインフラがまだ整っていません。このため、新たなシステムを導入する際に連携がうまくいかず、全システムを交換せざるをえない。当然ながら、膨大な費用がかかります。

加納 クラウドベースの電子カルテが普及すれば、セキュリティー面も強化され、コストも抑えられる可能性があります。しかし、日本では各ベンダーが独自のシステムを開発しており、相互に接続できません。30年間の歴史の中で、ベンダーが競い合ってシステムを開発してきた結果、現在のような複雑な状況が生まれているのです。

ただ、ネガティブな側面ばかりではなく、日本の医療、もしかしたらわれわれがやっている高齢者の医療は、1つの〝売り物〟になる可能性もあるのです。世界に先んじて高齢化が進んだ日本ですから、貴重なデータが日々刻刻とつくられているとも考えられる。超高齢化社会を迎える日本の医療のデータは、これから高齢化社会を迎える世界の国々にとって、価値あるデータになるはずです。そういう意味では、データをまとめていく機会でもあるので、それを逃すようなことは避けたいですね。せっかくの

PROFILE

中村 正己（なかむら・まさみ）

1975年明治大学商学部卒業。1975年4月日本能率協会入職。1994年4月産業振興本部長、2000年6月理事産業振興本部長、2003年4月理事経営・人材革新事業本部長、2006年6月専務理事・事務局長（理事長代行）、2009年6月理事長事務局長、2012年4月一般社団法人日本能率協会理事長、2016年より一般社団法人日本能率協会会長。

日本のデータが、まったく日本人に貢献なしで世界に使われるようなこともおかしい話です。日本の医療の現状は非常に貴重なデータなので、日本人の利益になるような形で世界に提供していける体制を整えたいです。

中村 確かに、せっかく貴重なデータが日々つくられていても、ばらばらな状態で散在していては、価値あるデータにはなりえません。そもそもシステムが統一されていない現状では、効率化を図るためのDXもスムーズに進まないでしょう。

猪口 システムベンダー間の協力体制が構築されることに期待していますが、現実的には、海外のIT先進国のベンダーに頼る部分も出てくるかもしれませんね。

加納 DXを進めるにあたり余計に人が必要になるような状況は本末転倒ですし、より少ない人数で医療の現場を維持できるような開発・導入支援は、足並みをそろえて取り組むべきです。

医療を提供する側、受ける側、そして国全体にとって

SPECIAL TALK

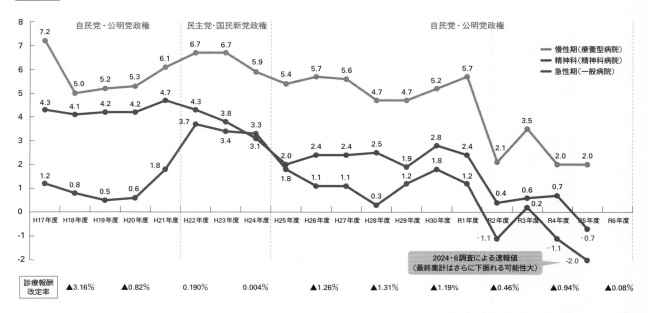

図表　独立行政法人福祉医療機構　病院の医業利益率

出典 独立行政法人福祉医療機構　資料より加納繁照氏作成

も利益となる医療のDX。これを本気で進めるには、国による積極的な財政支援が不可欠です。

中村　2040年に向かう日本の医療は多くの課題に直面しています。厳しい状況におかれている医療業界ですが、長きにわたり業界に身を置かれ、業界の変遷を目にしてこられたお二人から、貴重な洞察を伺うことができました。最後に、日本の医療の未来を担う若い世代に向けて、メッセージをお願いします。

猪口　医療の道は決して楽ではありませんが、人の命を救い、健康を守る、非常にやりがいのある仕事です。専門性のあることを学ぶだけでなく、人間性も磨き、価値ある仕事ができるよう、励んでいただき、医療・介護を心から志す方に、ぜひ入ってきていただきたいですね。

加納　人口減少社会において、若い世代の方々にはさまざまな職業の選択肢があるかと思います。そんな中、医療業界は、テクノロジーによる効率化・生産性向上でカバーできる部分がある一方で、実際に患者さんと触れ合う、人間味のある仕事でもあります。人間としての喜びも大変さも経験する仕事ですが、決して怖い世界ではありません。

医療の世界をぜひ肌で感じ取っていただき、やりがいのある人生のひとつのステップとして医療業界に入っていただければと、熱望しております。

中村　人と向き合い、人の命に触れる業界であるからこそ、医療に携わる人の人間性が重要である。そんなふうにお聞きしました。お二人の言葉から、日本の医療の未来への期待や次世代への希望を感じることができました。本日はありがとうございました。

VOYAGE TO THE MEDICAL FUTURE WITH
DX AND DIGITAL HEALTH
Chapter 1-1

混合診療は日本の医療の希望になるか？
テクノロジーが医療の定義を変える未来

「令和4年版 厚生労働白書」によると、2040年には医療・福祉分野の就業者数が
96万人もの人手不足に陥ると見込まれている。超少子高齢化社会の中で働き手が減り労働時間が減り、
何重苦にも見舞われる日本の医療は、どのように未来を切り拓いていけるのか。
海外の医療事情に精通する中央大学大学院戦略経営研究科教授 真野俊樹先生に、
最先端の医療のDX事例と解決の糸口を聞いた。

Photo: Koo Karoji　Text: Shun Kato

真野 俊樹
中央大学大学院戦略経営研究科 教授

VOYAGE TO THE MEDICAL FUTURE WITH
DX AND DIGITAL HEALTH

2040年問題は早くも前倒し 広がる日本の課題

――世界未踏の超少子高齢化が進む日本は、医療においてどのような課題を抱えているのでしょうか。

すでに知られているように、2025年には人口のボリュームゾーンである団塊の世代が75歳以上となることから、厚生労働省はこの10年ほど、医療や福祉における適切な提供体制の構築に勤しんできました。代表的な取組みとしては、病院を集約化する地域医療構想や、地域に適切かつ効率的な医療提供をするために医療連携推進を行う地域医療連携推進法人制度などがあります。いずれも、必ずしも2025年だけにフォーカスした施策とは限らないものの、2024年時点で一区切りがついています。

次なる課題として控えるのが、「2040年問題」です。こちらも少子高齢化に起因する問題ではあるものの、厚生労働省が掲げる主な問題点は医療や福祉人材の不足です。人口減少や国力低下に伴う対応策に目下取組んでいる、というのが日本の現状です。

――東京への一極集中は改善すべきだ、という議論もあります。医療における地方と都市の地域差についてはどのような課題があるのでしょうか。

まず、人口の一極集中が日本の衰退を招く、という議論はこの20～30年続いています。人口の是正に関する問題は2つあります。1つ目は、東京への人口一極集中はそもそも本当に日本経済の発展を妨げているのか、という点。2つ目は、人口の是正が実現できているか、という点です。前者についてはさまざまな議論がありますが、後者については「是正できていない」ということがデータとして出ています。

人口差を是正するため、これまで地方移住の推進などさまざまな方策

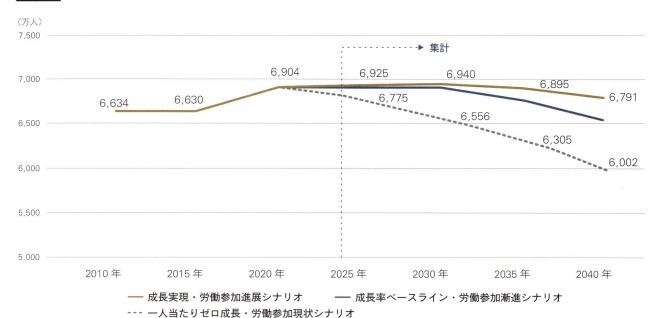

図表　労働力人口の見通し

労働政策研究・研修機構『2023年度版 労働力需給の推計』を再加工

が講じられてきました。それにもかかわらず、多くの若い世代の男女が東京に集まってきている。その理由には、地方では高度教育機関や高度医療、そして職が限られていることがあるでしょう。人口が都会に集中しやすいという事実は認めざるをえないのが現状です。医療についても、「人は都会に集まる」前提で考えていく必要があります。医師の場合は、子どもの教育のために良い環境であるとして都会を選ぶケースが多く見られます。つまり、地方には多くの高齢者が残っているにもかかわらず、医療や福祉などの人材が都会に集まることで、地方の医療や福祉が急速に衰退してしまう可能性があり、これが大きな課題となっています。

　離島や中山間部のような、そもそも人口が少ない地域は早々に問題が顕在化すると考えられます。加えて、効率性も検討されるようになっていくでしょう。医療に効率性を求めることには議論もありますが、例えば往診のための移動時間を削減するというように、診察や治療以外で効率的にしていける部分は存在します。すでにオンライン診療を行う病院もあり、これからは場合によってはドローンを使用した薬の処方というのも考えられます。

―― 2040年に向けた進捗を、真野先生はどう見ていますか。

　実際には、2040年よりも前倒しで問題が起きていると言えます。本来は、2040年の課題に向けて医療や福祉のDXで対応していくというもくろみでしたが、今日現在、特に福祉分野ではすでに人材不足に悩まされています。これについては、人口減少が進む中で働き方改革を行ったことの影響が否めません。さまざまな産業セクターで歪みが出ている中で、医療や福祉の領域でだけ起きない、ということはありえないのです。2040年どころか、この数年で病院や診療所の閉業が増えていくであろうと私は見ています。

医療はDXでどう変わる？
患者がAIを信じる未来

――その解決の糸口はどこにあるのでしょうか。

　結論としては、ITを使った効率化、すなわちDXの道しかないはずです。労働力を補う方法としてよく検討される外国人労働者も重要ではありますが、それだけでは補えない。なぜならば、日本では医師の数が不足しているわけではなく、都市への集中が課題となっているためです。医師以外の人材においても、アジア全体が高齢化し人手不足に悩まされていること、円安の日本は必ずしも稼げる国でもないことを踏まえれば、国外の労働力が寄与しうる範囲は限られます。消去法的に、DXしか残されていないのです。

　医療と福祉のいずれも人間が担うことが重要ではありますが、DXで補いやすいのはどちらかといえば福祉でしょう。介護であれば、見守りや認知症予防のために会話をするロボットなど、減った分の人手を部分的に補いやすい。医療では、例えばAIを使っ

VOYAGE TO THE MEDICAL FUTURE WITH
DX AND DIGITAL HEALTH

た診断サポートなどは取り入れやすい一方で、最終的な判断をAIが行うというのは、少なくとも日本人にとっては抵抗が強いはずです。ただ病院内や介護組織内のRPAといった業務効率化は今後進めざる得ないでしょう。

医療においては、すでにAIによる問診も存在しています。そういった医師のサポート領域のほか、今後は医師が介入しないケースも発生しうる。つまり、医師ではない患者個人がAIの判断を信じて行動を起こす未来も考えられるのです。

例を挙げると、がんになる可能性をAIだけが予測していた、という事例もあります。健康診断のマンモグラフィで、人間の医師からすれば異常がないと診断できるデータであっても、AIは異常だと示している。すると、5年後に8割ほどの確率で乳がんになっていた、という論文も存在しています。こういった事例に影響され、患者が医師ではなくAIの診断を信じるようになるならば、また違う世界が見えてきます。プライマリ・ケアをAIが担うことに等しいわけですから。

——プライマリ・ケアをAIが担うとき、どのような影響が考えられるのでしょうか。

現在、プライマリ・ケアを主に担うのは開業医です。一般論として、開業医は社会的な立場が専門医よりも低いかもしれませんが、収入が多く見込めることから、"上がり"の選択であるとされています。ところが、その部分をAIが担っていくとなると、開業医の収入が減りメリットが少なくなってしまいます。その場合は、都市部に開業数の制限を設けるなど、何らかの施策が必要になるでしょう。

海外で進む予測医療 治療だけではなくなる未来

——海外の先進国における医療のDXにはどのような事例がありますか？

医療のDXについては、アメリカやヨーロッパ、シンガポール、韓国などでさまざまな先行事例があります。画像診断や手術時の麻酔のモニタリングをAIがサポートするというように、医師の仕事を効率化する事例は日本もどんどん取り入れていくことになるでしょう。一方で介護においては、むしろ日本が高齢化先進国の立場にあります。スウェーデンやデンマークなどのヨーロッパは徐々に高齢化が進んでいることから、まちづくりや介護人材の確保も少しずつ充実してきています。アメリカは今後も移民が増えていく国なので十分な人手が見込まれており、無理に福祉のDXを行う必要がないわけです。世界的に見ても高齢化が進行しているアジア諸国において、その先進国である日本の福祉のDXの動きを、他国が気にしているという状況にあります。

——2017年の著書『日本の医療、くらべてみたら10勝5敗3分けで世界一』では、日本の医療はOECDの加盟国の中でも優れているとありました。その日本の医療体制が、今後崩れていくこともありうるのでしょうか。

その可能性はありえます。重要な観点は2つあり、まず1つ目は、海外

の最先端の技術が日本に取り入れられていないこと。そして2つ目は、それらの技術を取り入れていったときに、健康保険のカバー範囲に含めるか、という点です。緊縮財政の日本で医療費は50兆円になろうとしており、医療費は抑制の流れにあります。医療費の配分としては、やはり高度医療は必要であるために、混合診療をある程度認めていき、保険のカバー範囲を減らす話も出てきています。

混合診療は、当初は医師会をはじめとして全体的に反対の傾向にありました。ところが、高度医療が保険で適用しきれないことや、インフレに伴う病院の収益低下から、混合診療が前向きに捉えられ始めています。日本の医療体制を維持していくうえで、非常に重要な議論になるでしょう。

——海外と日本の医療政策を比較したとき、日本の医療のDXの未来はどうなっていくのでしょうか。

今後、世界で最先端の医療テクノロジーがどんどん開発されていくことには違いありません。そのテクノロジーをどこまで使うのかという視点は不可欠です。例えば、テクノロジーによって健康になる以上に、スーパーマンのようになりうる「人間拡張」という言葉がありますね。義手1つとっても、不便かもしれない一方で、テクノロジーが進めば握る力が人間より強くなり、脳とつながればもっと早く動くようになるかもしれません。そういうところまで考えていくと、「医療とは何か」という問いと向き合わざるをえません。

WHOによって広がったWell-beingの概念のように、悪いところや病気を治すだけではなく、「よりよい状態」を目指す医療が実現できる可能性も大いにあります。医療の未来、あるいは人類の未来を考えていくうえで、避けられない問いです。

例えばアメリカは、成功者がみな宇宙を目指すように、未来に向けたテクノロジーによる新たな拡張を好む国です。そういった性質の国が世界経済をリードしていくわけですから、医療の動きもそれに引っ張られていく可能性がある。もしも10年後、テクノロジーによる人間拡張が実用化されていくならば、そこには倫理観の議論も欠かせないでしょう。

そのほか、新たな医療テクノロジーとして遺伝子による予測診療の研究も進んでいます。アメリカではすでに、遺伝子から頭の良さや将来がんになる可能性を予測するような動きがあります。今日現在では確度がそれほど高くなく、かつ日本はやはりそういった最先端テクノロジーに積極的ではないので、現在国内ではまだ広がっていません。それでも、もし今後さらなる精緻化がされていけば、かなりの確率で将来がわかっていくことになります。

アメリカの映画監督・ハリウッド俳優であるアンジェリーナ・ジョリーは、50代になると乳がんや卵巣がんを8割の確率で発症するという遺伝性がんの遺伝子を持っていたために、予防的乳房切除を行ったことを発表しました。アメリカが自由診療であること

は大きな違いではありますが、もし日本で同様の検査を行ったとしても、「様子を見て定期的に検診する」という方針になります。将来の病を予測できたときに、どのような行動を取るか。少なくとも日本においては、こういった予測診療を保険適用する可能性は低いでしょう。遺伝子検査自体は保険診療に含まれていくかもしれませんが、がんの遺伝子が見つかったとしても、対応として予防的治療を行うならばそれは自由診療となってしまう。遺伝子検査を仮に保険診療に含まなかったとしても、検査を受ける人が増えていくと、ややこしいことにはなりますよね。医師からすると、病気ではない。だが、病気になる遺伝子だと予測されている。人によっては、可能性が高いのならば検診よりも薬が欲しい、と主張することもありえます。

予防や攻めの医療について、やはりアメリカは積極的です。アルツハイマー型認知症の治療薬も、フランスでは「医療上の利益が不十分」として保険適用から外されましたが、アメリカでは高齢者のほとんどが加入するメディケアでの保険適用により、医療現場での使用が始まっています。そこで日本を見てみると、そういう体制になっていません。今日現在でも、そこまで先進的ではない自由診療であっても、その質について多くの議論が交わされています。

——日本の保険診療のあり方は、海外と比較してどのような違いがあるのでしょうか。

VOYAGE TO THE MEDICAL FUTURE WITH
DX AND DIGITAL HEALTH

PROFILE

真野 俊樹（まの・としき）

1987年名古屋大学医学部卒業。医師、医学博士、経済学博士、総合内科専門医、MBA。臨床医、製薬企業のマネジメント、大和総研主任研究員などを経て、中央大学大学院教授。多摩大学大学院特任教授、厚生労働省独立行政法人評価有識者委員などを兼務。医療・介護業界にマネジメントやイノベーションの視点で改革を考えている。

　実は、保険診療に関しては日本は極端なスタンスをとっていると言えます。日本のスタンスは、「保険診療に関しては厚生労働省がコントロールするが、自由診療は医師の裁量で行う」というものです。ところが、ヨーロッパでは医師会がある程度コントロールしており、ルールに外れた自由診療を行うと医師会から追い出されてしまう仕組みになっています。保険診療を仕切るのは医師会であり、医師会に入っていないと保険診療ができません。この応用で、例えば日本でも保険診療を行わずに10年が経過したら、保険診療を再び行うときに何かしらの条件を求めるなどの対応も考えられます。

——自由診療や予測医療の可能性が広がっていく中で、病院の経営者にはどういった医療マネジメントが求められるのでしょうか。

　最先端の高度医療に取り組んでいる大病院や大学病院では、日本ではまだ保険適用範囲として承認されていない診療を積極的に行い、地域に根ざす病院では、地域医療構想や地域医療連携推進法人制度を活用し、人口減少に適した効率的な診療を追究する。そういった分担が進んでいく可能性を意識したマネジメントを進めていく必要があります。

　現況は、医師がマネジメントなど専門教育を継続的に実施していないことが言われますが、人口減少や少子高齢化、働き方改革に伴う医療市場の変化に伴い、マネジメントを学ぼうとする医師も増えています。病院によって規模は違うものの、例えば大病院の診療部長や部門長として部下がいる以上はマネジメントを学ぶほうがよいと言えます。

——医療のDXや福祉のDXに加え、保険診療のあり方も見直されつつある中で、日本の医療の未来はどうなっていくのでしょうか。

　世界的には、人間拡張や遺伝子による予測診療のような「治す」以上のよりよい状態を目指す自由診療をどう見ていくか、という検討が間違いなく進んでいきます。この「医療とは何か」という根源的な問いに、日本は向き合い、考えなければならない時期に来ているのです。

VOYAGE TO THE MEDICAL FUTURE WITH
DX AND DIGITAL HEALTH
Chapter 1-2

日本海ヘルスケアネットの未来戦略
地域医療の存続に向け結束する

過疎化が進み、医療需要や財源の縮小が進む地方。
その1つである庄内地域では、2018年に地域医療連携推進法人日本海ヘルスケアネットが立ち上がり、
地域医療の存続を支えるための協力体制が築かれている。公立病院の統合再編を成功に導き、
地域の医療、介護、福祉の担い手たちを結束させた同法人の栗谷義樹代表理事に、
法人設立の背景と効果、そして2040年への展望を伺った。

Photo: Isao Negishi　Text: Shun Kato

栗谷 義樹

地域医療連携推進法人日本海ヘルスケアネット 代表理事

VOYAGE TO THE MEDICAL FUTURE WITH
DX AND DIGITAL HEALTH

▌先送りにしてきた問題の
▌ツケ回し

——2018年4月、全国に先んじて地域医療連携推進法人を設立し、軌道に乗せられたのはなぜでしょうか？設立の背景も含め、お聞かせください。

よく「なぜ（地域医療連携推進法人を）つくれたのか？」と聞かれますが、私からすれば「なぜつくらないのか？」と問いたいです。庄内地域は、酒田市、鶴岡市、遊佐町、三川町、庄内町の5市町で構成される地域で、令和2年（2020年）国勢調査の時点で地域全体の人口が26万3404人、高齢化率は36.0％でした。一方、同年の高齢化率の全国平均は28.0％。庄内地域はまさに、高齢化と過疎化が進む典型的な地方といえるでしょう。医療需要も医療資源も先細ることが見えている以上、これまでの病院単体の考え方から脱却し、地域で連携・協力して必要な医療を提供できる仕組みづくりが必要なことは明らかです。

日本海ヘルスケアネットは、山形県北西部の庄内地域の医療、介護、福祉を担う団体・法人から成る地域医療連携推進法人です。「医療、介護、福祉の切れ目のないサービスを、将来にわたって安定的に提供」を理念に掲げ、競争よりも協調、部分最適よりも全体最適を目指して協働しています。

設立当初は、山形県・酒田市病院機構や地域の医師会、歯科医師会、薬剤師会、そして介護老健施設を運営する法人など9つの団体・法人が名を連ね、2024年9月末時点は全13

の団体・法人が参加しています。

立ち上げ当初から地域の病院や医師会、関係団体からの理解が得られた背景には、2018年の統合再編をうまく進められたことへの信頼があったと思います。私は、地方独立行政法人山形県・酒田市病院機構の理事長として、資金不足に陥っていた山形県立日本海病院と酒田市立酒田病院の統合再編を進めました。資金不足を解消しただけでなく、かなりのストックを積み上げてきた実績があったため、信頼いただけたのではないでしょうか。

——公立病院が絡む統合再編や地域連携を進めるうえで、自治体のサポートがあったことでスムーズに進んだという事例もあります。日本海ヘルスケアネットの参加法人には山形県・酒田市病院機構も含まれますが、設立や参加に際して自治体との議論やサポートなどはあったのでしょうか？

山形県・酒田市病院機構は地方独立行政法人（独法）であり、形としては民間の法人ですから、基本的に自治体が介入することはありません。独法の中期目標は、設置者である山形県と酒田市がそれぞれ議会の決議を経てつくりますが、中期目標をクリアしさえすれば、その方法も予算執行もわれわれ法人に委ねられています。

日本海ヘルスケアネットの第1回設立協議会には山形県の担当部長も参加しましたが、とくに反対されたり支援を受けたりしたことはありません。そもそも地域医療連携推進法人の制

度は国が進める政策の一環であり、地方自治体が介入したり指導したりする性質のものではありません。一般社団法人なので、例えば代表理事の認可などは都道府県が行いますが、手続き上のものにすぎません。

——なるほど。日本海ヘルスケアネットが設立された当時、庄内地域はどのような状況におかれていたのでしょうか？

2008年頃からでしょうか。酒田市の病院に新たに入ってくる「新入院患者」（新患）の数が徐々に減少していることに気がつきました。荘内病院という120年以上の歴史ある病院を持つ鶴岡市からの新患は増えていましたが、新患全体の数は減少していたのです。地域の急性期医療は2015年あたりで天井を打つと言われていましたので、2008年の時点で減少に転じるということは、想定よりも早く減少に転じているということです。

庄内地域の急性期需要の減少が急速に進み、財政面の厳しさが増す一方で、政府が主導する地域医療構想は2025年以降を見据える段階に入っています。今回の診療報酬・介護報酬の改定は、2025年以降をにらんだ、新たな地域医療構想の方策に沿った改定になっています。そういう意味では、山形県立日本海病院と酒田市立酒田病院を統合再編したことは、公立病院の運営主体を変更するという国の政策に合致しましたし、病院経営の効率化もできました。

もっとも、今後さらに医療需要が

図表1 日本海ヘルスケアネットの概要

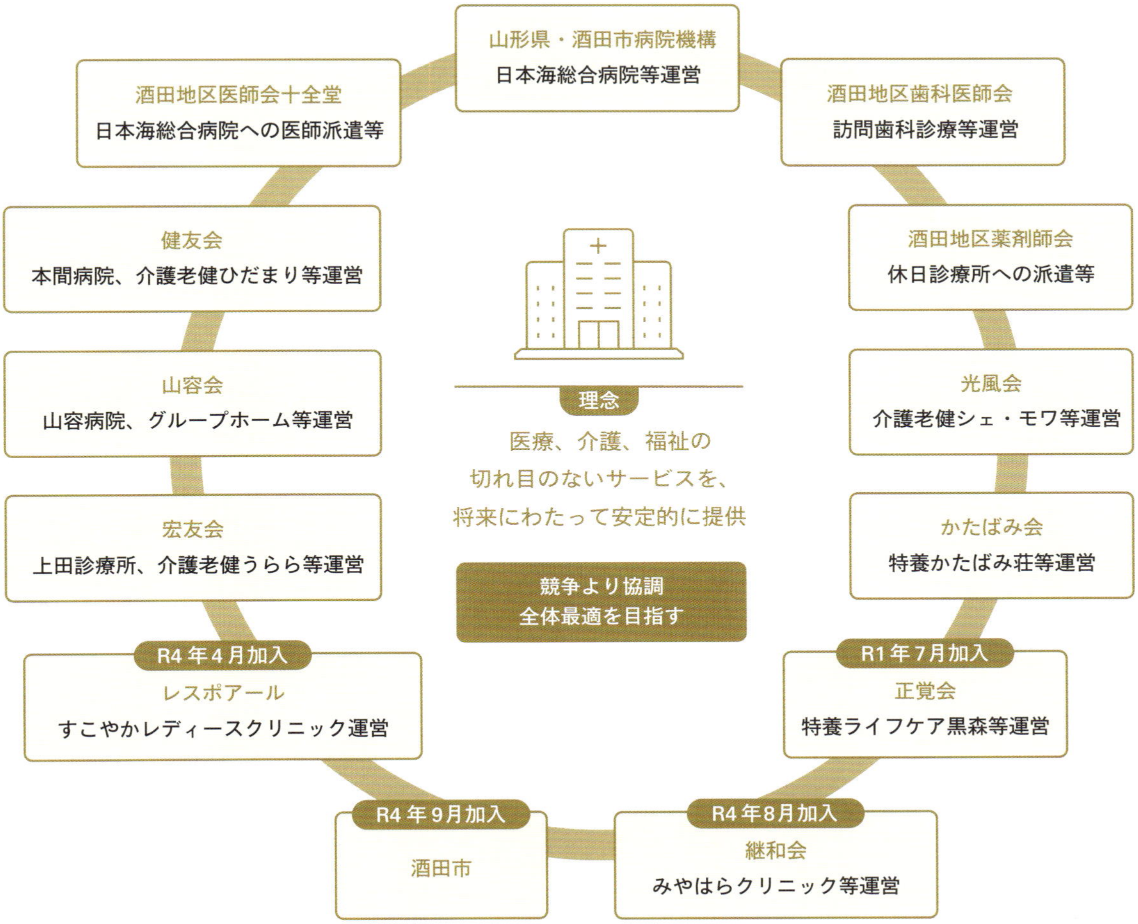

山形県・酒田市病院機構
日本海総合病院等運営

酒田地区医師会十全堂
日本海総合病院への医師派遣等

酒田地区歯科医師会
訪問歯科診療等運営

健友会
本間病院、介護老健ひだまり等運営

酒田地区薬剤師会
休日診療所への派遣等

山容会
山容病院、グループホーム等運営

光風会
介護老健シェ・モワ等運営

宏友会
上田診療所、介護老健うらら等運営

かたばみ会
特養かたばみ荘等運営

R4年4月加入
レスポアール
すこやかレディースクリニック運営

R1年7月加入
正覚会
特養ライフケア黒森等運営

R4年9月加入
酒田市

R4年8月加入
継和会
みやはらクリニック等運営

理念
医療、介護、福祉の
切れ目のないサービスを、
将来にわたって安定的に提供

競争より協調
全体最適を目指す

先細りすれば、統合再編だけでは間に合わなくなります。診療材料や薬剤にかかる費用も高騰するなか、財源の確保も深刻な課題となるでしょう。日本海総合病院でも、10年前には約40億円だった診療材料費が、現在では70億円を突破しています。とりわけ薬剤費高騰が著しい。1990年代には15～16％を占めていた日本の医薬品会社のシェアは、現在5～6％まで縮小し、薬剤費高騰の一因となっています。

これはもはや、地域医療に限った話ではなく、国が財政赤字と貿易赤字を放置してきたツケが回ってきた結果だと思います。日本が解決せずに先送りにしてきた問題が、ここにきて表面化しているわけです。

医療は社会インフラです。形を変えながらも基本的な医療を維持していくために、地域医療構想があり、新たな仕組みづくりの一環として地域医療連携推進法人があります。地域の医療を存続させるために、医療と介護の費用を統一的に管理し、効率化できないか？　それを地域でどうデザインすべきか？　そんなことを考え

VOYAGE TO THE MEDICAL FUTURE WITH
DX AND DIGITAL HEALTH

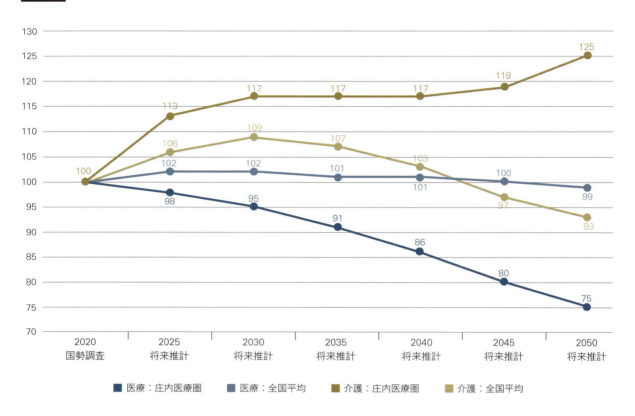

図表2　医療介護需要予測指数（2020年実績=100）

庄内医療圏の医療介護需要予測指数（2020年実績=100）
引用元：日本医師会 地域医療情報システム（JMAP）URL：https://jmap.jp/

未来図を共有する

——日本海ヘルスケアネットが誕生するまでの道のりには、課題もあったと想像します。公立病院と民間病院の違い、医局ごとの違いによって、働き方や価値観のすり合わせが難しい部分もあったのではないでしょうか？

そういった違いは、日本海ヘルスケアネットをつくるときの本質的な要因ではまったくなかったので、ほとんど意識しませんでした。違いよりもむしろ、誰もが共通して「このままでは将来どうなってしまうのだろう」という漠然とした不安を抱いていました。このままいくと将来どうなるのか、誰も説明できない状態でしたから。

そこで、私が市の医師会の役員を務めている間、医療制度、介護制度、そして病院の経営環境、医療需要がどうなるのかということを、私なりの解釈を入れながら説明し、さまざまな席で意見交換し合いました。

はじめのうちこそ、「参加法人の一部にシワ寄せがくるのでは」と懸念する声もあったようですが、法人設立から事業を開始して2〜3年が経過すると、日本海ヘルスケアネットは互助の仕組みであるという理解が浸透した

ようです。現に、参加法人のうち債務超過に陥っていた民間病院の1つは、日本海ヘルスケアネットに参加していたことで銀行の融資が通り、経営を立て直しました。

——病院経営者だけでなく、現場の医療者にまで協力体制を浸透させられた要因は？

医師会でまず説明しましたね。今はもはや、昔のように、医師会と病院の医師の間に確執があるような時代ではありません。かつてはプライドのようなものが邪魔をしていたのかもしれませんが、今はより現実に即した議論や話し合いができる関係性です。

説明する際には、これから先の未来図を話しました。まずは未来図を示し、問題点を共有することが第一歩であると考えたからです。医療需要の減少、医療と介護の融合、財源の枯渇など、悲観的な予測からも目をそらすことなく、データを示して説明しました。

先日、参加法人の民間病院の理事長から、「あのときは半信半疑でしたけど、今では先生が言っていたようになっていますね」と声をかけられました。もちろん私も、経済の専門家ではありませんから、間違っていることもあるでしょう。そうであっても、知ろうとすることが大事なのです。日本の地方にいると、知ろうとしなければ世界がどうなっているかなんてわからない。しかし、グローバルな潮流に目を向けて、それがこの先どうなるか、そして地方にどのような影響が及んでく

るのかを考える。そうすることで初めて、地域運営の方向性を考えることができるはずです。

危機で際立つ連携の強み

——連携の効果について、参加法人から具体的にどのような反応がありましたか？

連携が最も効いてきたのは、コロナ禍に見舞われたときでした。新型コロナウイルスが日本に上陸して広がり始めた最初の年、早速臨時理事会を開き、首都圏や流行地からのフライトドクターや家族の面会を含め、人の移動をストップしました。また、防護服や消毒液といったさまざまな資材・機材が不足していたので、毎日夕方5時に情報共有したうえで、足りないとこ

ろに融通するという協力体制を構築しました。

参加法人の1つである精神科の単科病院でクラスターが発生したときには、日本海総合病院から機材を持ち込み、感染症の専門ナースやスタッフを派遣して、感染区域とそうでない区域を分けるゾーニングも実行しました。そういったノウハウを伝えながら、「症状は出ていないけれど感染した可能性がある」という者は直ちに日本海総合病院で検査する流れをつくりました。こうした仕組みが奏功し、1ヵ月とかからずに終息させることができました。

一方で、参加法人ではない精神科の単科病院で同様のクラスターが発生したときには、終息までに2ヵ月以上かかったそうです。基幹病院から支援に入った看護師が感染してしまうよ

VOYAGE TO THE MEDICAL FUTURE WITH
DX AND DIGITAL HEALTH

うな恐ろしいことまで起きてしまったようで……。

このように、コロナ禍の状況下ではとくに、連携している病院とそうでない病院との差が顕著に出ました。したがって、コロナ禍のような危機的状況下で日本海ヘルスケアネットの仕組みが再評価されたのだと思います。

―― 平時においても、人事交流やいわゆる「地域フォーミュラリ」がもたらすメリットがありそうです。

2024年6月時点では、医師22人、放射線技師1人、看護師9人、事務1人の人事交流があります。医師は、平日診療のほか、宿日直や在宅往診の応援などで相互に協力しています。リハビリテーション病院には、医師会が輪番制で宿日直を行っています。こうした医師の人事交流を促進したことで、フライトドクターと契約していたときと比べて年間700万円の費用削減効果が生まれました。

病院機構から介護施設やクリニックに任期付きで看護師を派遣する取組みも行っています。これにより、小規模な医院や介護施設は人手不足を補えるだけでなく、新たな施設認定を取得できます。施設認定は診療報酬にも影響しますから、財源の観点からもメリットがあるのではないでしょうか。

ほかにも、退職予定者への参加法人の職員募集状況を情報提供したり、定年を迎える医師の就労機会の確保、職員研修の協同実施や相互の研修会への参加呼びかけなどを、法人間で協力して実施したりしています。

2021年9月からは、月に1回のペースで看護部長クラスがオンラインで情報交換する「看護管理者ネットワーク会議」も開始しました。「この地域を感染から守る」と「北庄内地域の食支援の質の向上」の2つのテーマを掲げ、質の高い看護・介護サービスの提供を目指して活動しています。お互いに顔の見える関係を築けるため、業務で困ったときに相談しやすかったり、人手不足のときに融通し合ったりと、助け合う仕組みができているようです。

病院同士で連携することで、機能のすみ分けができたことも成果の1つです。例えば、医事透析患者を民間病院の本間病院に引き受けてもらうことで、日本海総合病院では透析導入期の急性期患者の対応に専念できる一方、本間病院では、医療収益ベースで年間数千万円の増加を実現できました。

「地域フォーミュラリ」は、薬剤の有効性、安全性、経済性を検討し、地域での推奨薬を選定する取組みです。薬剤師会の地域フォーミュラリ検討会で基礎データを収集・分析し、日本海ヘルスケアネットの地域フォーミュラリ作成運営委員会と協議会での検討・議論を経て、最終的に理事会で議決を承認します。2024年9月時点で13品目の薬効群で運用しており、それらの薬剤の周知徹底と効果検証に取り組んでいます。

13薬効群のうち9薬効群につき、年間の薬剤費を47薬局で試算したところ、地域フォーミュラリの導入前後

PROFILE

栗谷 義樹（くりや・よしき）

1972年東北大学医学部卒業。仙台市立病院外科、由利組合病院外科科長を経て、1988年酒田市立酒田病院外科科長に就任。1998年酒田病院院長。2008年4月（地独）山形県・酒田市病院機構理事長に就任。山形県医師会副会長、日本医師会代議員、酒田地区医師会十全堂会長を歴任。2016年4月より全国地方独立行政法人病院協議会副会長。2018年4月より地域医療連携推進法人日本海ヘルスケアネット代表理事。

で年間1億4330万円の削減効果があることがわかっています。北庄内全体では年間2億円以上の削減効果があると推測されており、今後本格的に実施率を上げていくことでかなりの削減が期待できるでしょう。

2040年の展望と病院経営者への提言

―― 2040年を展望したとき、日本の医療はどのようなシナリオをたどると予想されますか?

2025年を1つの区切りとしていた地域医療構想では、急性期の病床数が当初の目標に近い数字を達成できているようです。しかし、機能別にはまだすみ分けができていない。機能分担については、新たな地域医療構想へと持ち越されるでしょう。

2043年には都市部で高齢者の数が最も増えると見込まれていますから、2040年から2045年にかけて、急性期の医療需要はものすごい勢いで縮み、中小病院は廃院していくでしょう。そして、地方では15〜20年ほど前倒しでその未来が到来するわけですから、一刻の猶予も許されない状況です。

われわれは、全国に先駆けて統合再編を進めてきました。その背景には、県立病院の経営難という事情がありましたが、これが民間病院だったら資金不足の前に債務超過になります。債務超過になると、銀行は取引を中止し、資金繰りを理由に再編統合せざるをえない状況に追い込まれる

でしょう。

当然ながら地域住民からの反対はあるとは思いますが、日本がここまで貧しくなってしまった以上、「身近にどんな医療需要にも対応できる医療機関がある」という過去からの考えを切り替えるべきです。

高齢者にどこまでの医療を提供するかについても、国民的なコンセンサスを迫られるときが来るのではないでしょうか。こういう話題を持ち出すと、「高齢者の命を軽んじている」というような批判を向けられかねませんが、この議論を放置していても、医療の財源が破綻して若い世代がお手上げ状態になることは明らかです。生命倫理や医療レベルの問題ではなく、日本が構造的に陥っている問題なのです。若者に投資をしない社会に、未来はありません。

―― 最後に、地方で医療機関の経営を担っておられる病院経営者への提言をお願いします。

1ヵ所からしか見えないものだけ見ていると、病院経営は破綻します。グローバルな潮流にも目を向け、時には違う場所から違う風景を見て、総合的に全体像をつかまなければ、病院を経営していけない時代です。

そしてもう1つ。優しくないとダメです。赤字の事業所も、一見力を発揮できていないような人材も、全体を俯瞰してみると実は必要だったりするものです。「採算が取れないところと取れているところがバランスよく噛み合い、全体像を成す地域をつくる」とい

う視点が大事です。

これから医療・介護の提供体制には大変革が起きるでしょう。すでに介護体制をめぐる悪い兆しを伝えるニュースがどんどん入ってきていますし、医療体制にしても、2024年の上半期の医療機関の倒産総件数が、2023年の年間を通じた総件数を超えたと聞いています。2024年から民間の急性期病床の降り落としも始まりました。診療報酬改定も、次はより厳しくなるものと予想しています。

2025年の夏には、福祉医療機構の返済も始まります。無担保で融資を受けている病院が相当数あるはずなので、資金繰りが難しくなるところも出てくるでしょう。返済を猶予してもらい問題を先送りにしても、結局は解決できないまま傷が深まります。まずは、地域で消耗戦を際限なく続けることに終わりを告げ、残された時間を示すデータを、地域で共有すべきです。

われわれの地域では、地域医療連携推進法人を設立したことで結束が強まり、一体感が生まれました。参加法人からは、「垣根がなくなった」と言われます。経営者も現場の医療者も、法人の垣根を越えて気軽に相談できるようになりましたし、「精神的に楽になった」という声が聞かれます。

2040年に先駆けて医療の存続が危機を迎える地方では、このままじっと立ち止まっていても心肺停止するしかない時代に突入しています。地域の医療、介護、福祉が連携し、病院も介護施設も一体化した形態こそが、生き残るための道を拓くのだと思います。

VOYAGE TO THE MEDICAL FUTURE WITH DX AND DIGITAL HEALTH
Chapter 1-3

■ 縦割りでは機能しなくなる危機感

——まずは、「けいじゅヘルスケアシステム」について教えてください。

「けいじゅヘルスケアシステム」は、「恵寿総合病院」を中心に、介護老人保健施設や障がい者福祉デイサービスセンターなど、さまざまな機能を統合した事業体です。「先端医療から福祉まで『生きる』を応援します」をミッションとして、急性期から介護・福祉まで、切れ目のないヘルスケアサービスを提供しています。

法人としては、社会医療法人と社会福祉法人から成る事業体ですが、約1700人の職員が法人間の垣根を越えて人事交流もしますし、患者ないし利用者の記録もすべて、オンライン上で一元管理されています。

「けいじゅヘルスケアシステム」の取組みは、1994年に物の管理を統一化しようと、診療材料や薬品の管理にバーコード利用のSPDを導入したことに始まります。その後、情報の管理・共有・集約を進めながら、2002年には電子カルテを導入しました。そして、2006年には、グループ内の情報統合の一環として、国内初となる医療・介護・福祉カルテの統合を達成しました。

当システムでは、個々の患者に各々のIDが割り振られ、オンライン上の電子カルテ画面で、医療の情報も介護・福祉の情報も一度に見ることができます。「恵寿総合病院」での急性期の記録から、デイサービスの記録、福祉施設の記録まで、すべてのヘルスケア情報が患者ごとに時系列で一元管理され、グループ内で共有されているのです。

——医療と介護・福祉を一体化させ、患者や利用者のデータを一元化できるシステムを構築された背景には、どのような理由があったのでしょうか？

システム構築の背景には、超高齢化社会を見据えた強い危機感がありました。震災前の2020年時点で、能登北部の人口は約6万人、七尾市の位置する中部の人口は約11万人でした。人口が減少し続けているうえに、高齢化率が北部で約48％、中部で約39％と、高い水準でした。日本全体の高齢化率が20％で大騒ぎになっているくらいですから、能登半島の状

超高齢化社会に医療の未来をつなぐには
能登の危機を救った
けいじゅヘルスケアシステム

日本の未来の縮図とも言うべき過疎地域の1つ、石川県能登半島。中央部の七尾市にある恵寿総合病院は、
全国に先駆けて医療と介護・福祉を一体化させ、DXを推進してきた。先端医療から介護福祉までを包括する
「けいじゅヘルスケアシステム」は、医療・ヘルスケア情報の一元管理を可能にし、効率化を実現しただけでなく、
2024年1月の能登半島地震の際にも医療の提供を継続し、強靱な医療を印象づけた。
医療の未来をつなぐヒントを求めて、理事長の神野正博氏に話を聞いた。

Photo: Shigeki Yamazaki　Text: Shun Kato

神野 正博

社会医療法人財団董仙会 恵寿総合病院 理事長

況の深刻さがおわかりいただけるでしょう。

人口密度を見ると、能登北部は全国平均の15%、中部は同41%。つまり、能登の中北部地域の特徴は、「広いエリアにほとんど人が住んでおらず、住んでいる人の多くは高齢者」ということになります。

2024年1月1日の令和6年能登半島地震が起きる前、国立社会保障・人口問題研究所が出した推計によると、奥能登4市町の人口は、2020年から2050年までの間に半分以下になると見込まれていました。ところが、震災後に県が推計したところによると、地震前の推計より20年速いペースで人口減少が進むとされています。人口が半数以下になる時期が、2030

年まで早まってしまったのです。

被災時に住民票を移さないまま避難して、避難先に定住する人々も一定数おられることを踏まえると、さらに早まる可能性もあります。七尾市近辺はそこまでではないにせよ、奥能登の後を追っているような状況です。

このように、能登半島では超高齢化が進んでいるうえ、医療・介護・福祉に従事する人口が激減しています。従来の縦割り型の医療体制で「医療は医療」「急性期病院は在宅のことはわからない」なんて言っている場合ではありません。少ない人数で効率的に回さなければ、この地域のヘルスケアは機能しなくなります。

そんな危機感のもと、1990年代から「けいじゅヘルスケアシステム」の構

築に着手しました。

「能登の奇跡」を可能にした
強靱な病院づくり

——能登半島地震では、震度6強の揺れに見舞われながらも、貴院は震災当日から途切れることなく医療の提供を続けました。発災直後はどのような状況だったのですか。

恵寿総合病院は、免震構造の本館が被害を免れ、地震発生後も医療提供を継続することができました。一方で、旧耐震構造で耐震補強が施されていた第3病棟と、新耐震基準の第5病棟は、どちらも使いものにならないほど破損していました。真冬に暖房も効かず、お湯どころか水も出ない

special issue No.15 **Think!** | 27

VOYAGE TO THE MEDICAL FUTURE WITH
DX AND DIGITAL HEALTH

状態でした。

そこで、1月1日時点で第3病棟と第5病棟に入院していた113人の患者を全員、本館に移しました。既存の病棟ではスペースが足りなかったので、内視鏡室、リハビリテーション室、化学療法室、処置室などを仮設病棟に変更して使用しました。

第3病棟と第5病棟から本館への移動の際は、制振構造で支えられた建物間をつなぐ通路を使用。この通路も、制振構造だったからこそ、「多少揺れても耐えられる」という確信のもと使用できました。

第3病棟と第5病棟は設備が破損して使えない状態でしたが、免震構造の本館は、棚から物1つ落ちていませんでしたし、井戸の利用で水もトイレも問題なく使えました。わが家も含め、地域の一般家庭では水が止まっていましたから、震災翌日には早速、病院職員向けにシャワーを使えるようにして、1月23日には大浴場を病院職員や関連会社の職員・ご家族に向けて開放しました。

――震災直後から速やかに医療の提供を再開された貴院の対応は、「能登の奇跡」と称賛されました。

実は、2007年の能登半島地震では、当院も苦い経験をしました。当時旧耐震基準しか満たしていなかった3棟の建物が被災したのです。

被災後、老朽化した建物の建て替えを検討していたところ、2011年の東日本大震災が起きました。東北地方を襲った津波の映像を目にして、海に近い当院も大きな危機感を覚えました。

一時は、病院全体を海から離れた立地に移転することも考えましたが、比較的新しい建物もある中で、新たに土地を確保して全館を建て替えるとなると、莫大な費用がかかります。民間病院にそんな財源はありません。そこで、東日本大震災で被災した公立志津川病院で奮闘した医師・菅野武医師に当時の状況を詳しくお聞きした後、「東日本級の震災が来ても耐えうる病院づくり」を目指す方向へと舵を切りました。

――具体的には、どのような対策を施されたのですか。

まずは、地盤の液状化対策として、本館建設地に「格子状地盤改良」を施しました。そのうえで、水害・津波に備えて1階床の高さを地上2メートルに設定。建物の基礎には、免震構造を採用しています。屋上には、災害

図表1 日本医師会地域医療情報システムの能登北部と能登中部の国勢調査データ

引用元：日本医師会 地域医療情報システム (JMAP) URL：https://jmap.jp/

時に避難できるよう、夜間発着灯火設備を備えたヘリポートも設置しました。

発電機、受変電設備、熱源設備はすべて最上階に設置しました。電気室が最上階にあれば、津波が来ても浸水する心配はありません。電気室には、実負荷の50％分をまかなえる非常用発電機を置き、停電時の電源を確保できるようにしています。

また、災害時におけるデータ保護を目的として、免震構造の本館の上層階にサーバー室を設置。さらには、関東と関西に二重で電子カルテのバックアップを確保しています。電子カルテが統一され、なおかつデータの安全性が確保されていたからこそ、パソコン設備が不十分な仮設病棟でも、スマートフォンを使って医療を継続できたわけです。

水や電気などのインフラを維持できたのも、BCP／BCMで重視していた「二重化」が奏功したためです。日頃から、水道と井戸水をどちらも使える状態にしていたので、地震で七尾市への水道が遮断された直後に井戸水に切り替え、保健所の水質検査済みの清潔な水を使うことができました。

電力も2ヵ所の変電所から受電できる体制にしていたおかげで、七尾大田火力発電所が停止した後、非常用自家発電が作動するよりも早く和倉変電所に切り替わり、即座に受電できました。

ハード面の強化に加え、職員の自動安否確認・非常招集システム、外部との協力体制もBCP／BCMで定めていました。また、老人保健施設

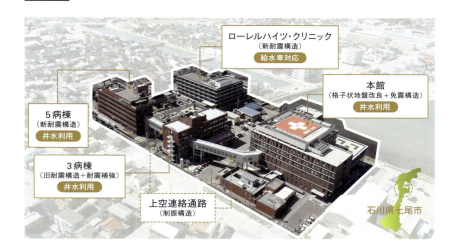

図表2 恵寿総合病院の全体像

や特別養護老人ホームのキャパシティーをあらかじめ多めに設定しておき、災害時に軽症の高齢者が利用できる福祉避難所を準備していました。そのおかげで、「避難所に戻れない軽症の高齢者が病院に留まり、救急患者用のベッドが埋まる」というような事態を避けられました。

そして何より、今回の震災への対応で大きな力を発揮したのが、ICTを活用した病院DXでした。前述のとおり、全グループ施設の患者ないし利用者の情報はオンラインでの一元化を終え、医療画像のクラウド化やスマートフォンの導入も完了していました。

スマートフォンには、電子カルテの記載、画像やデータの参照、ナースコール、チャットなどの機能が搭載されており、使用可能なパソコンが2台しかない仮設病棟の環境下でも、スムーズに医療を継続できました。

スマートフォン導入の当初の目的は働き方改革であって、震災時にこれほどの効果を発揮すると思ってはいませんでした。しかし、2023年4月のうちに思い切ってPHSと固定電話を廃止し、スマートフォンに切り替えるという決断をしておいて、大正解でした。

DXはもはやインフラ 国主導ではない病院のDXを

——DX推進が災害に強い病院づくりにもつながるということですね。とはいえ、多くの民間病院の経営が厳しい中、DXにかかるコストを前に足踏みする経営者も少なくないのではないでしょうか。

当院も経営の厳しさは実感しています。しかしながら、DXはもはやインフラ整備の一環であり、それにかかる費用は必要経費であると捉えています。

VOYAGE TO THE MEDICAL FUTURE WITH
DX AND DIGITAL HEALTH

エアコンを考えてみてください。かつてエアコンのある病院はまれでした。しかし今となっては、エアコンのない病院に誰も入院しようとはしないでしょうし、そこで働く職員も耐えられないでしょう。

ではエアコンにかかる費用が診療報酬から割り当てられるかというと、そうではない。どこの病院も、減価償却しながら経費として計上しているわけです。DXも、それと同じです。

たしかに、医療DXを国が推し進める背景には、投薬や診療の重複を防ぎ、効率化を図りたい国の思惑があるかもしれません。しかしながら、病院をDX化することは、自分たちの提供するサービスや働く環境の改善にも大きく寄与します。

国が主導する「マイナ保険証」や電子処方箋、診療情報・医療情報の共有といった共通プラットフォームに乗りながらも、それぞれの病院が、独自の医療の質向上や働き方改革を意識して、病院のDXに取り組むことが重要なのではないでしょうか。

もっとも、災害対策や新型感染症対策など、いざというときのためのサージキャパシティー確保のためには、補助金などが投じられるべきです。コロナ禍でも、診療報酬以外に補助金が出たからこそ、厳しい経営を迫られている民間病院もコロナ対応

が可能になり、超過死亡が抑えられました。

今後は、日本各地でより人口減少が進んでいきます。公立病院の統合・削減は議論の余地があるところですが、やはり人口とニーズに合わせて統合し、残すべき施設には税金を投入してしっかりとした免震や災害対策を施すべきでしょう。

コンパクトタウン ハブシティー構想

──最後に、今後のビジョンをお聞かせください。

「けいじゅヘルスケアシステム」で

図表3 BCP／BCMの投資サマリー

施設インフラ強化
- ●建築：本館免震建築＋液状化対策（格子状地盤改良）
- ●水：上水の二重化（水道＋井戸水）
- ●電力：2回線受電（2ヵ所の変電所より受電）
- ●避難経路：二重の避難経路、屋上ヘリポート（夜間離発着設備、64t級）
- ●管理体制：ゼネコン系設備管理会社24時間365日常駐

外部連携協力体制
- ●全国の病院との非常時相互協力協定
- ●医療物資確保：全国の医療物資物流センター（31ヵ所）、薬品卸、給食業者とのバックアップ協定
- ●燃料確保：石油販売業者との災害時優先供給協定
- ●特殊医療：県内透析医療機関との相互協力ネットワーク

BCP／BCMの投資サマリー

災害時運営
- ●福祉避難所：関連施設（老人保健施設・特別養護老人ホーム）に福祉避難所を準備
- ●職員管理：自動安否確認・非常招集システム・Microsoft teams

ICT、DX
- ●システム統合：全グループ施設のオンライン・一元化（1患者・利用者1 ID）
- ●データ保護：免震棟上層階にサーバー室、関東・関西に電子カルテバックアップ Duplication
- ●医療画像（PACS）のクラウド化
- ●患者がカルテ情報を持ち歩く PHR（カルテコ）
- ●業務効率化：業務用iPhone導入、全職員へMicrosoftアカウント付与とteams使用の日常化

BCP／BCMなどの目に見えない投資は大きくなるものの、基本は二重化

Chapter 1-3　　Masahiro Kanno

PROFILE

神野 正博（かんの・まさひろ）

1980年日本医科大学卒、1986年金沢大学大学院医学専攻科卒（医学博士）。金沢大学第2外科助手を経て、1992年恵寿総合病院外科科長、1993年同病院長（2008年退任）、1995年特定医療法人財団董仙会（2008年11月より社会医療法人財団に改称）理事長、2011年社会福祉法人徳充会理事長併任。専門は消化器外科。全日本病院協会副会長、日本社会医療法人協議会副会長、日本病院会常任理事、サービス産業生産性協議会（SPRING）幹事、石川県病院協会副会長、七尾商工会議所副会頭ほか。厚生労働省において社会保障審議会医療部会委員、医師養成過程を通じた医師の偏在対策等に関する検討会などを務める。

DXを推進する目的は、少人数で効率的な医療を提供し続けるためであり、さらには「急速に人口減少が進む能登の医療をいかに維持していくか」という能登地域全体のテーマに取り組むためでもあります。

人口が減ってもなお、「地元にかかりつけの医療機関が欲しい」という地元住民のニーズは残るでしょう。しかし、かかりつけ医療機関と大規模な病院を同時に維持できるほどの人口はありません。では、どのような病院のあり方が望ましいか。これは、医療に限らず、小売、教育、金融など多方面に共通する課題です。

国土交通省の資料によると、例えば、スターバックスが利益を出すには17万人以上の人口が必要とされています。ハンバーガーショップなら、2万7000人。一方、郵便局は、500人規模であれば成り立ちます。診療所、歯科医院、介護保険施設も、500人。

政府が提唱する「コンパクトシティー」のようなあり方は、能登のような過疎地域には通用しません。しかしながら、人口500人の集落でも、郵便局、よろず屋、小学校、かかりつけ医や介護サービスにアクセスできる「コンパクトタウン」であれば成り立ちます。

集落ごとに、小規模な行政や医療、金融サービスの機能を備えた複数のコンパクトタウンを形成し、それらコンパクトタウンと相互につながり広域HUB（ハブ）機能を持つ「ハブシティー」を置きます。そこには、県の出先機関や銀行の支店、高等教育機関、そして救急対応も可能な総合病院などがあり、周辺のコンパクトシティーと連携して地域全体の生活を支える役割を果たします。

そんな「コンパクトシティー - ハブシティー」こそが、将来的には日本各地の過疎が進む地域で必要とされるのではないでしょうか。

そして、「コンパクトシティー - ハブシティー」を有効に機能させるためには、ハブシティーとそれぞれのコンパクトシティーをどうつなげるか、モビリティも重要です。将来的には、自動運転車やドローン技術を活用することも考えられますし、診療所から病院への患者の搬送に関しては、例えばドクターヘリに代わって能登空港の日本航空学園のパイロットに協力要請するなど、地域の他分野の資源を活かした解決策も考えられます。

また、当院では現在、金沢大学と連携して、能登半島北部の珠洲市総合病院に恵寿総合病院の医師を"玉突き式"で派遣する取組みが始まっていますが、そういった連携のあり方も、ハブシティーの総合病院の機能に応用できそうです。

私は、これから能登がすべきことは、未来の日本がすべきことだと強く感じています。ここ能登地域で始めている取組みは、今後日本各地で増えてくる過疎地域における医療の持続可能なモデルの1つとして、活かしていただけるのではないでしょうか。

QOLが問われる時代のPHR

本人起点のデータ活用で日本の医療を次の段階へ

「個人の健康や医療、身体の情報を記録したデータ」を意味するPHR(パーソナルヘルスレコード)。
本人を起点としたシームレスなデータ共有が可能になった先には、
どのような医療の未来が待ち受けているのだろうか。一般社団法人PHR普及推進協議会の
代表理事を務める京都大学大学院医学研究科
社会健康医学系専攻予防医療学分野教授の石見拓先生に話を聞いた。

Photo: Kimihiro Terao　Text: Shun Kato

石見 拓

一般社団法人PHR普及推進協議会 代表理事
京都大学 大学院医学研究科
社会健康医学系専攻 予防医療学分野 教授

▌医療・健康情報の共有 PHRで可能に

——現行の健康保険証はマイナンバーカードと一体化した「マイナ保険証」に一本化されることでPHR(Personal Health Record：パーソナルヘルスレコード)の利活用が進むと想像されますが、医療環境にどのような変化がもたらされるのでしょうか。

　健康保険証がマイナンバーカードに一本化されるということは、医療におけるデジタル活用が進むということです。マイナンバーカードのメリットは、正確な本人認証ができること。本人認証の正確性が担保されれば、本人を起点に、健康・医療に関する情報を迅速にシェアできるようになります。

　医療現場では現状、別の病院を受診していた救急外来や初診の患者を診察する際、診療履歴や薬に関する情報収集に非常に手間がかかっています。これに対して、PHRが普及すれば、本人の了解のもと健康・医療に関する情報を一気にシェアできます。マイナ保険証は、その環境づくりの入り口といえるのではないでしょうか。

　本人を起点に健康・医療情報をシェアすることは、技術的にはさほど難しいことではありません。しかし問題は、その必要性が認識されていないこと、そして何よりトラスト(信頼)が不足していることでしょう。

　現時点ではまだ、「健康・医療に関するパーソナルデータが使われること」に対する漠然とした不安が払拭されていません。国に対する信頼、医療機関に対する信頼、社会システムとしてのPHRに対する信頼が不足しているのが現状です。

　国や医療機関による信頼構築の努力もさることながら、国民一人ひとりが「自分や家族が責任を持って自らの個人データをコントロールする」という意識を持つことも大切です。PHRはパーソナルなデータなのですから、自らの意思で、自身の健康・医療のために情報共有する、あるいはしないことを決定できますし、そうすべきです。「自分自身がより良い健康、医療に関わるサービスを受けるためにかか

VOYAGE TO THE
MEDICAL FUTURE WITH
DX AND DIGITAL HEALTH
Chapter 1-4

りつけ医や薬剤師、介護者等に情報をシェアしたい」と思える社会が理想です。

データは活用されなければ意味がない

——データ管理やセキュリティーに関する不安には、どう対処すべきでしょうか。

そもそもマイナンバーカード自体には、本人を特定する情報が入っているだけで、健康・医療情報は入っていません。また、マイナ保険証のひも付け誤りなどのトラブルが報道されましたが、それらはあくまでデジタル化のプロセスで生じた人為的なミスに起因するものであり、デジタル化自体の問題ではありません。

デジタル化されてこなかった従来型のオペレーションでも、人為的なミスは起きるでしょう。デジタル化が進むことで、トラブルも事故も減っていくと考えるほうが自然です。

マイナ保険証は国民の健康・医療に資する政策ですから、国や報道機関はそのメリットをきちんと説明しなくてはなりません。健康・医療情報の当事者である個々人も、リスクだけでなくベネフィットにも目を向け、「健康・医療データを自らシェアしたい範囲にシェアすること」の価値を冷静に考えるべきだと思います。

そのためには、「自分の健康・医療データを自らコントロールし、自分のために役立てる」という認識を定着させる必要があります。健康診断の記録や診療データなど、これまで蓄積されていても活用されてこなかった健康・医療データは数多くあります。データを蓄積していても、使わなければ意味がありません。

今後PHRが普及すれば、個人の生涯にわたる健康・医療のデータを個人の判断でシェアできるようになります。PHRは、使う価値のあるデータを活用し、健康・医療を発展させるための一丁目一番地といえるでしょう。

「蓄積されたビッグデータを社会のために使うかどうか」について社会的なコンセンサスを形成するのは、その次の段階。まずはPHRの価値を広

VOYAGE TO THE MEDICAL FUTURE WITH
DX AND DIGITAL HEALTH

図表 健康・医療・介護のデータ基盤の構築に向けた総務省の取組

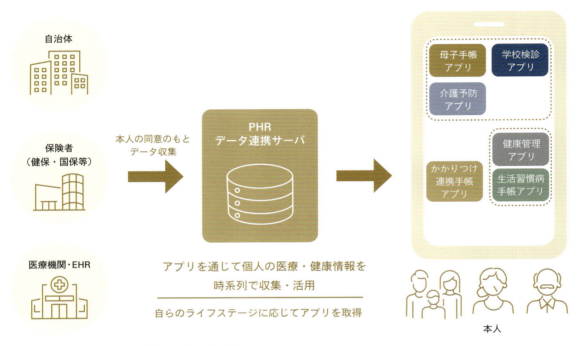

出典：「健康・医療・介護のデータ基盤の構築に向けた総務省の取組み」資料 2019.04

め、リスクとベネフィットのバランスをとりながら、本人や家族のためにデータが活用される医療・ヘルスケアの実現を目指すべきだと考えています。

——PHRが普及した未来の医療現場では、どのようにデータが活用されると予想されますか。

日々の連続的なデータが収集・蓄積され、活用されるようになると、正確に状態を把握したり、重症化などの予測精度が高まり、病気の管理の質が高まります。また、毎日の変化が可視化されるようになると、個人の行動変容も促しやすくなるでしょう。

連続的なデータとは、例えば、脈拍、酸素飽和濃度、体重、血圧などの変動を表すデータです。現状では、こうした数値は1日に1回計測される程度ですが、各種ウェアラブルデバイスが発展してきており、1日に何度も計測できます。1日1回の計測とは比べものにならない量の情報が蓄積されるわけです。

そのような粒度の高いデータを閲覧できるようになれば、例えば「夕方の入浴時間帯に脳卒中や心筋梗塞のイベントが起こりやすい」「夜間の時間帯に酸素飽和度が下がり、日中は元に戻る」といった傾向が見えてくる可

能性があります。さまざまな診断や予測の精度が上がり、予防医療が進化するものと期待しています。

ヘルスケアの領域では、行動変容を促しやすくなります。年に1回の健康診断による行動変容は難しくても、ウェアラブル端末などで血糖値や脈拍のダイナミックなデータを目にすると、日常的に生活習慣を見直しやすくなるのではないでしょうか。

シームレスな活用のカギ握る「標準化」

——PHRをはじめとするデータを

Chapter 1-4　　Taku Iwami

シームレスに活用するための環境整備は、どのように進めていかれるのでしょうか。

　データの共有をスムーズに行うには、一定の項目について標準化することが重要です。すべての項目を標準化するわけではなく、コアな部分についてのみ、異なるPHRサービス提供者間で同じ規格でのやりとりができるようにしておく。そこに上乗せされる追加情報は、サービス提供者ごとに差別化できます。まずはコアな部分を標準化して、その先で競争したほうが、長期的にはビジネス規模も拡大できるはずです。

　PHR普及推進協議会では、データのポータビリティを高める必要性を説くとともに、標準化すべき最低限の項目を検討しています。標準化すべき項目は実はそこまで多いわけではありません。例えば生活習慣病と救急災害領域で言うと、家庭血圧、家庭体重、家庭での酸素飽和度、歩数くらいです。

　必要最低限の要件については仕様をオープンにして、PHRデータをシームレスにやりとりできるようにする。そのための基盤を構築しているところです。2024年度中に、生活習慣病領域と救急災害領域の標準化とデータ流通基盤の構築が完了し、2025年度以降、地域実装のフェーズに入る予定です。数年以内によりコストをかけずにこうしたシステムを導入できるようになると考えています。

── PHR普及推進協議会を立ち上げた背景についても教えてください。

　私は、ライフワークとしてAEDの普及活動に20年以上携わってきました。かつては、循環器内科の医師として病院内での救命処置に主眼をおいていましたが、心疾患による死亡の約3分の2は病院の外で発生しています。そこで、市民が心肺蘇生やAEDを施せるようになれば心臓突然死を減らせると考えて、病院外にフォーカスした活動を始めました。

　PHRは、従来医療者が扱ってきた医療情報を、病院外の本人が主体となって扱えるようにするものです。AEDを普及させてきたことと同じようなことを、情報という領域で行っているのだと思います。

　PHRを普及させたいと考えたとき、蘇生科学領域の研究と普及活動が頭に浮かびました。どういうことかというと、心臓突然死は1990年代初頭くらいから世界的な関心事となっており、国際的なガイドラインのもとデータ項目が標準化されていたのです。標準化されていたおかげで比較・検証しやすく、検証結果をもとにした救急システムの改善が実現しました。

　そんな成功体験がありましたので、PHRでも標準化がカギになると感じていました。PHRに関わるステークホルダーは、多岐にわたります。医療者やアカデミアだけでなく、民間事業者、自治体をも巻き込んだ合意形成とルールづくりの場が求められます。そこで、標準化をはじめとする合意形成の場として、PHR普及推進協議会を立ち上げました。現在、47の民間事業者、16の自治体に参画いただいています。

── PHR普及推進協議会ではどのような活動をされているのでしょうか。

　良質なPHRのあり方を考え、提案する活動です。主な活動内容は、

VOYAGE TO THE MEDICAL FUTURE WITH
DX AND DIGITAL HEALTH

PHRサービスのガイドライン作成です。PHRの理念、個人の健康・医療情報を扱ううえでの適切な説明責任、健康・医療産業の一端を担う事業者としての役割などを確認し、発出しています。標準化項目の検討、サービス提供者向けのチェックリスト作成、啓発コンテンツの作成なども行っています。

データ活用で医療の質を上げる

――シームレスな医療サービスに転換していくために、病院サイドで理解しておくべきことは？

医療者側がデータ利活用のメリットを実感できれば、PHRの普及も促進され、シームレスな医療サービスが実現します。医療現場は格段に効率化されますし、持続可能な医療につながります。医療の質も上がり、患者にもメリットが大きいでしょう。

新たな仕組みやツールを普及させるには、まずは医療者がメリットを理解し、それを患者に伝えられるようになることです。例えば、かかりつけ医からウェアラブル端末を使ったヘルスケアデータの記録を勧められたら、利用する人は多いはず。まずは医療者がPHRについて理解し、便利さを知ってほしいと思います。

平均寿命が延びている今、「生きるか死ぬか」というよりQOLが問われる時代になっています。抗がん剤治療の過程でも、医師による評価だけでなく、患者自身の自覚症状を報告するPRO（Patient Reported Outcome：患者報告アウトカム）が重視されるようになっています。

本人による日々のデータを医療者と共有し、これを活用して医療の質を上げる。日本の医療は次の段階へと進むときを迎えていますし、医療現場がその認識を持つことが重要です。デジタルに苦手意識があるような医師も、苦手なものでも使えるようなデジタルサービスを求め、活用するべきですし、患者にも提供していくべきです。

――個人のライフログを記録することで、予防医療のあり方はこれからどのように変わっていくと考えられますか？

予防医療の難しさの1つに、「動機付け」があります。痛みや体の不具合など差し迫った必要性がなければ、「行動を変えてみよう」という動機は生まれにくく、投資もされにくい。一方で、「心臓突然死対策」は問題意識を喚起しやすく、訴求力のあるアプローチだと思います。

これまで「予知できない」とされてきた心臓突然死ですが、今後、日々の体重、脈、血圧、酸素飽和度といった連続的なデータが蓄積されるようになれば、予知できるようになるかもしれません。

心臓突然死だけでも年間8万人、心不全の患者は累計120万人、生活習慣病の患者は2000万人いるとされています。分母が広がれば活用の幅も広がります。突然死を予防できるか

Chapter 1-4　Taku Iwami

どうかは未知数ですが、データ量が増えれば、「予知できない」とされていたことについても予測が立ちやすくなることは確かです。糖尿病の重症化を未然に防ぐなど、いわゆる二次予防にも役立ちます。

ただし、データを実際に活用できるまである程度の時間を要するでしょう。エビデンスを蓄積しにくいことも、予防医療の難しさの1つです。5年後、10年後とPHRが普及するにつれて個人のライフログデータが貯まってきます。しかし、現時点ではまだデータが足りず、「予防に役立つ」ことを裏付けるエビデンスが不十分な状況です。

このため、5年後、10年後を見据えて社会基盤をつくり、一定のエビデンスが確認でき次第、保険診療といった国の枠組みに入れるなど、長期的なスパンでPHRを設計していきたいと考えています。

PHRへの関心度は、ここ数年で急速に高まっていると感じます。マイナ保険証、電子カルテの標準化など、国を挙げた医療DXの動きも加速しています。これから1～2年が勝負どころ。医療機関を持続可能なものにするためにも、標準化に対応したPHRサービスの導入を具体的に考えるべきタイミングだと思います。

世界に類を見ない医療制度 悲観する必要はない

——最後に、病院経営者へのメッセージをお願いします。

医療のDXは待ったなしです。PHRをはじめ、デジタル化とデータ活用を急ぐべきときを迎えています。PHRは、患者にも医療機関にも、そして社会にも大きなメリットをもたらすものですが、一定の項目を標準化しなければシームレスなデータ活用はできません。

標準化のためには、なるべく多くのステークホルダーが参画し、合意形成する必要があります。病院経営者の方々にも、ぜひPHR普及推進協議会に参画いただければと考えております。

日本の健康・医療におけるデータ活用が進んでいないことは事実です。しかし、日本の医療制度のベースには国民皆保険があり、さらには年1回の健康診断の制度もあるという、世界に類を見ない優れた医療制度が保障されています。健康診断で得られたデータ、そして個人のライフログデータを活用することで、さらに質の高い医療を提供できるのではないでしょうか。

世界に先駆けて超高齢化社会を迎える日本ですが、データを活用した予防医療を推し進めることで、世界に誇れる仕組みと産業をつくれるはずです。私たちは決して悲観する必要はありません。

PROFILE

石見 拓（いわみ・たく）

1996年群馬大学医学部卒業。2005年大阪大学医学部医学研究科博士課程修了。2006年京都大学大学院医学研究科修了、同年4月より京都大学保健管理センター（2011年4月より環境安全保健機構に改名）助教。同講師、同准教授を経て2015年より教授、2022年4月より医学研究科教授、現在に至る。一般社団法人PHR普及推進協議会の代表理事としても活躍。

VOYAGE TO THE
MEDICAL FUTURE WITH
**DX AND
DIGITAL HEALTH**

Chapter
1-5

Chapter 1-5　　Hirobumi Kawakita

第三者評価は医療の質をどう変える?

医療の質は職員の質
評価と教育がもたらす経営変革

高齢者数がピークを迎え、医療のDXが進むであろう2040年に向け、病院経営のあり方はどう変わり、
求められる医療の質はいかに確保できるのか。東京都杉並区で地域医療を担う社会医療法人 河北医療財団
河北総合病院の理事長であり、公益財団法人日本医療機能評価機構 理事長でもある河北博文氏が、
日本の医療制度と病院経営の改革を提言する。

Photo: Takashi Yamade　Text: Shun Kato

河北 博文

公益財団法人日本医療機能評価機構 理事長

──まず、日本における医療のDXの進捗をどう見ていらっしゃいますか。

デジタル化そのものが、非常に遅れていると言わざるをえません。私は、日本の医療情報学における先駆者である開原成允先生から、2000年に「医療のデジタル化先進国である韓国を視察してきてはどうか」と勧められ、実際に韓国へ足を運びました。かつての韓国の医療の社会保険制度は現在の日本とよく似ており、紙の請求書を国へ提出し、国が支払うという制度でした。ところが、新たに「HIRA（現：Health Insurance Review and Assessment Service）」という機関をつくり、審査や請求の仕組みをすべてオンライン化することに成功していたのです。当時はアジア通貨危機の

最中で、韓国はIMF（国際通貨基金）の指揮下で多岐にわたる分野の電子化を進めていました。医療はそのうちの1つであったわけです。保険請求された診療の内容を分析し、給付をどう変えていくかという政策の検討もHIRAによって実現しています。

同様に、イギリスはプライマリ・ケアと家庭医制度を合わせた国営医療（NHS：National Health Service）を運営しています。約6700万人の人口を約150の地域に分け、各地域に1万人あたりに1ヵ所、家庭医の診療所をつくるという仕組みですが、診療所を開設するためには7〜8名の医師がパートナーシップを組み、入札に参加する必要があります。そうして24時間365日、家庭医と二次医療、三次

医療をつなげる仕組みを構築しました。ただし、政権に応じて内容は変わってきた歴史もあります。具体的には、マーガレット・サッチャー政権ではかかりつけの医師が誰であるかを役所が指定していました。その後の改革により、現在は3〜4ヵ所の診療所の候補から合う医師を患者自身が選べるように変わっています。

これらの診療所に対し、イギリスは電子カルテを国から無料で配布しています。代わりに、カルテに記載された情報は国が吸い上げ、国立医療技術評価機構（National Institute for Health and Clinical Excellence）がデータ分析を行うのです。

──海外と日本の医療システムを比

special issue No.15 Think! | 39

VOYAGE TO THE MEDICAL FUTURE WITH
DX AND DIGITAL HEALTH

較したとき、何が大きな違いとなるのでしょうか。

医療に競争と選択が取り入れられている点です。イギリスのNHSでは、例えば1万3000人の登録がある診療所には、1万3000人分の初期費用が支払われ、その金額で人数分の健康管理と疾病管理を行うという仕組みです。このとき、診療データについて「できるだけ安い薬をうまく使い、状態悪化を防いでいる」と分析できると、ボーナスが約30％付与されます。うまくいっていない診療所のボーナスは約10％というような仕組みです。

一方で、わが国はどうか。1961年にインシュアランスとしての国民皆保険制度が設けられました。そして、保健となるパブリックヘルスも母子保健に始まり、学校保健に産業保健、そして老人保健と、生涯にわたり保健制度が存在します。つまり、国民に二重の医療保障をしているのです。それだけ保障しながら、規制がほとんどありません。どの診療所に何回行っても、どの医師を選んでも構わない。何科の診療でも自由に受けられる。競争原理が働かない仕組みとなっており、医師も患者も野放し状態。病院経営にも適切な手当がされていないというのが日本の医療なのです。

▌世界に遅れた医学教育
AI時代に必須の診察力

──医療のDXにより、日本の医学はどう変わるのでしょうか。

2040年にもなれば、人間としての医師の意義は診察となるはずです。医師は、診ること、聴くこと、触ることができなければダメなのです。将来的に、おそらく診断にはAIが多用されていくはずです。そこで、AIの診断を参考にし責任を持って患者を診察し、コミュニケーションを取る存在となるのが医師なのです。医師でなければできない治療と、医師でなくともできる治療を区分けしていかなければ、日本の医療はさらに遅れていくに違いありません。

日本の医学教育にも課題があり、診察する力を高める必要があります。実は私が厚生労働省から日本医療機能評価機構の理事長として頼まれているのは、医学教育の変革なのです。現在の日本の医師国家試験はペーパーテストですが、それを動画や音声を用いるCBT（Computer-Based Testing）に変更してほしいと言われています。CBTであれば、例えば神経疾患の動きを動画にし、診断する設問を設けることが可能になるのです。

世界の医師国家試験では、アメリカは1999年、台湾が2015年、韓国は2021年にCBT化を達成しており、わが国だけが遅れている状況なのです。臨床実習の中で診察する力をつける必要がありますが、指導医が学生を評価する力が欠けている。つまり、医療のDX以前の仕組みから変える必要も迫ってきているのです。

──医学教育への課題が残る一方で、現在、マイナンバーカードと健康保険証がひも付けられるなど、診療

現場における医療のDXも進行しています。これらは今後、どのように活用されていくのでしょうか。

現在、患者が医療のDXを活用しているかというと、関心がないのが実情でしょう。例えば自分のカルテがアプリで見られるようになったとしても、おそらく興味を持ちません。なぜなら、いつでも高くない費用で診察を受けられるから。日本が、そういった制限をしてこなかったことが要因です。医療側におけるDXとしては、大きな病院の大半に電子カルテが普及している状況ですが、データの二次利用や管理がほとんどないのが問題です。

二次利用や管理の例として、アメリカのDRG（Diagnosis Related Groups）という診療を管理する制度があります。病気の種類によって支払額が定められており、診療に発生するコストが規定を超えた場合、その病院の持ち出しになり、抑えられた場合は病院の利益となるのです。無駄に長い入院や過剰な治療をしないようになるわけですね。このDRGを参考に、日本も急性期入院医療を対象とした診療報酬の包括評価制度となるDPC/PDPS（Diagnosis Procedure Combination / Per-Diem Payment System）を設けましたが、診断群分類と在院日数単位で支払いが決まるシステムのため、病院にインセンティブが働きません。アメリカのDRGとは似て非なる仕組みなのです。

──競争原理が働かず、いつでも安価な金額でどの診療科でも受診でき

る状態は、医師のみならず受益者、つまり患者も望ましいと考えている割合が高いと考えられます。

だからこそ、この点に問題意識を持つ人間はほとんどいないのです。私が評価機構をつくるまでに13年もの月日がかかりました。大きな理由は、医師からの反対です。医師に限らず、専門家は誰かに評価されることを嫌います。この国の医師は、評価がなくとも食っていけるために、評価機関を不要としているのです。

私は経営や運営の組織論を学びたいと思い、1979年から81年までの間、シカゴ大学の大学院ビジネス・スクールに留学しました。その際にインタビューを行った組織の1つが、病院認定合同委員会と言われる当時のJCAH（Joint Commission on Accreditation of Hospitals／現 JCAHO）でした。1951年に設立された医療機関の第三者評価を始めた組織ですが、その成り立ちは1910年代、一人の医師の気づきにさかのぼります。マサチューセッツ総合病院に勤めるアメリカの外科医アーネスト・コッドマンが「自分がよかれと思って行う手術は、本当にそれが患者にとって好ましいのだろうか」と疑問を抱いたのです。

医療は専門性が高いので、同じ外科医に評価を求めたところ「あなたの評価をすると、あなたがわれわれを評価することになる」と大反対されました。アメリカですら、当時はやはりそういう反対があったわけです。その後、彼は病院を追い出されましたが、精神を病んで亡くなってしまうまでの

間、アメリカ外科学会に論文を投稿し続けました。死後11年が経ちやっとその論文が評価され、JCAHが設立されたのです。

JCAHを見て、やはり病院の評価は可能であり意義があると思い、私が日本で立ち上げたのが、日本医療機能評価機構です。病院を評価して区別した時に、よいものはさらに伸ばし、悪いものは切り捨てる。ただし、よくなりたいというものは支援をする仕組みが、日本にも必要なのです。

その人らしさを問う医療倫理醸成を担うのは医師

——そうして設立された日本医療機能評価機構は、第三者評価機関として約30年に及ぶ活動で2000もの施設が認定を受けるまでになりました。競争原理が働かない仕組みや教育も含めて変革せねば、2040年の医療DXを考えても、社会包摂のある未来は実現しえないということですね。

そうです。日本においては、現在のシステムの延長線上で考えてもうまくいかないのです。医療において仕組みを変えるには、診療報酬という"日銭"で生活をするのではなく、診療報酬の体系を変えなくてはなりません。例えば、現在の診療報酬は、診療所も病院も同じ表で決められています。そこを別々にし、病院は病院の体系に合った表をつくればよいのです。

——日本医療機能評価機構の評価項目は、どのように策定されているのでしょうか。

VOYAGE TO THE MEDICAL FUTURE WITH
DX AND DIGITAL HEALTH

評価項目については、政策動向や診療特性に合わせて適切になるようつねに見直しています。例えば大学病院のような特定機能病院には専用の評価体系を設定しており、その中では教育に関連する項目を高く評価するようにしています。もしも療養型病院であればリハビリテーション機能がどのくらいあるか、患者にどれだけ寄り添っているか、というように、診療の特性に合わせた項目にしています。

審査は強制ではなく自主的に受けるものであってほしいので、厚生労働省とも連携し、日本医療機能評価機構の審査を受けることで診療報酬が増えるという項目も用意しています。

——日本医療機能評価機構では、患者満足度・職員やりがい度の活用支援も行われています。今後、患者や職員の満足度のデータはどのように変わっていくと予想できるのでしょうか。

患者については、私は「患者納得度」が大切だと考えています。腹いっぱい飯を食う満足感ではなく、足るを知る納得感。市民が医療を理解し、リテラシーが変われば、このデータも変わっていくのでしょう。

職員のやりがい度は、高いほどよい医療の提供につながります。医療界の中で、「あの病院は給料がよい」と言われるような経営をしてほしいですね。病院経営では労働分配率はとて

も大切な要素です。療養型の病院だと、全収入の70％から75％が人件費です。急性期の病院は50％でしょう。

とはいえ、赤字では続かないため経営を黒字にすることは必須です。今の日本の病院経営では、職員に豊かな生活を保障することすらなかなかできません。診療報酬は国が定めており、北海道でも沖縄でも東京でも、同じ点数となります。インフレが進んでいくと、土地代も建築費も物価も人件費も高騰し、東京都内の病院経営が極端に苦しくなるのは当然です。それならば、47都道府県ごとに別の診療報酬体系を定めればよいのです。医療は全国ではなく、地域のものな

図表 「医療機能評価」と「患者満足度・職員やりがい度」

次世代医療機能評価のビジョン

医療機能評価を通じて、**患者が安心して医療を享受でき、職員が働きやすく、**
地域に信頼される病院づくりに貢献する。

**次世代
医療機能評価の
3本柱**

1 地域医療の質向上に
寄与するための**評価**

■ 病院機能評価
・自己評価　・訪問審査　・期中の確認

2 医療の質改善を促進させるための
組織への支援

■ 病院機能評価への受審支援
・改善支援セミナー・サーベイヤー、講師派遣など
■ 指標を活用した調査・改善活動の支援
・患者満足度・職員やりがい度 活用支援
・医療安全文化調査　活用支援

3 医療の質改善を
促進させるための **個への教育**

■ 医療クオリティーマネジャー
■ JQ 医療安全管理者養成研修など

のですから。

――東京都において高騰が激しいことは確かに事実ですが、地方の病院へもお金が回っていかねば地域医療のセーフティーネットが機能しなくなるリスクがあるのではないでしょうか。

　例えば地方の病院であれば、大きな総合病院をいくつかに統合し、遠隔のオンライン診療と組み合わせることもできるはずです。医師でなくとも看護師や救急救命士にできることはたくさんあるけれども、医師法により医師以外にはできない決まりとなっています。医師の業務範囲を見直し、その代わりに最終的には医師が責任を持つことにしてオンライン診療できるようにすれば、選択肢も増えていきます。

PROFILE

河北 博文（かわきた・ひろぶみ）

公益財団法人日本医療機能評価機構理事長。社会医療法人河北医療財団河北総合病院理事長。1977年慶應義塾大学医学部卒業。1983年シカゴ大学大学院ビジネススクール修了。1984年慶應義塾大学医学部大学院博士課程修了（病理学）。2006年渋沢栄一賞受賞。

――病院経営のみならず病院の評価機関も設立し、長年にわたり医療の最善を追究してきた第一人者である河北先生にとって、理想の医療とはどのようなものなのでしょうか。

　手前味噌ながら、われわれ河北総合病院の理念「社会文化を背景とし地球環境と調和した よりよい医療への挑戦」は世界で最高だと思っています。人間の文明が地球の自浄能力を超えたことで起きるのが地球環境問題であるなら、人間の存在に直接的に関与する仕事である医療から地球環境を考えることは必然です。人間は無駄に生きる必要はない。つまりは、健康寿命の話でもあるのです。その人らしく生きて、その人らしく亡くなるまで医療は携わっていかなくてはならない。その人らしくない、単なる延命をしないということも含めての医療です。

　倫理的な問題ですから、政治と行政はおそらく手をつけてはいけないところでしょう。医師こそが、あるいは医師会こそが、法曹界と宗教界と共に議論し発表し、社会に考え方を醸成していくべきなのです。

――社会の少子高齢化が進み、教育も診療報酬体系も、あらゆる仕組みの変革を余儀なくされる日本の医療ではありますが、最後にこれからの病院経営者に向けたメッセージをお願いします。

　1つ目は、今後の病院は単独では存在できなくなるでしょうから、よいグループ化をすること。2つ目は、理事長と称する人は、診療をすること自体は悪くありませんが、片手間ではなく、臨床は臨床の医師に任せて、徹底して経営に集中してほしいと私は思います。そして3つ目、今の病院に必要なのは職員と医師の教育です。例えばわれわれ河北総合病院では、1982年から職員教育を始めました。脱いだスリッパをそろえるというような、当たり前のところから教育しています。職員のやりがいが高まれば、患者へのサービスも良くなります。この3つを大切にしなければ、これからの病院は生き延びられない。過去の延長線上ではなく、未来を見て変革せざるをえない時期に来ているのです。

VOYAGE TO THE MEDICAL FUTURE WITH
DX AND DIGITAL HEALTH
Chapter 1-6

給食料赤字の背景には制度の縛り

——最初に、お三方の会社の事業内容をお聞かせください。

窪田 株式会社ミールシステムは、病院・介護といったヘルスケア施設を対象とする給食システムのあり方を追求するコンサルティング会社です。沖縄から北海道まで全国各地の民間・公立病院にサービス提供しており、現状調査、基本プランの策定、実施計画といった仕組みづくりから立ち上げまでを支援しています。

社員数は、管理栄養士を含む専門スタッフ9人です。ヘルスケア施設の給食システムを専門とするコンサルティングファームは国内にはほとんどないため、当社の規模でも業界最大手という状況です。ヘルスケア施設の給食は現在、大変な危機を迎えています。どのように問題解決を図るかが、目下最大のテーマですね。

森 森ヘルスケア・サポート株式会社は、経営課題への解決策の提供のみならず、全国各地における連携の促進、それにまつわるDX、モビリティなどのイノベーションに向けた新技術・サービスの紹介を行っています。昨年まで、野村グループのグループ会社、野村ヘルスケア・サポート＆アドバイザリー株式会社として、全国の医療機関、介護施設、自治体や大学などにさまざまなサービスを提供しておりましたが、地域での連携をより深める必要性を感じ、独立しました。

近年、地域の医療機関、介護施設、在宅、学校、社員食堂の食事をセントラルキッチン（以下、CK）から一括提供することで、地域で包括的に栄養管理しようという動きが出てきています。こういった動きを促進すべく、私たちは、新技術やモビリティの活用、さらには地域の一次産業を活性化する活動などにも参画しています。

竹原 株式会社システム環境研究所は、医療に特化したコンサルティング会社として、病院の経営改善や建て替え事業などを手がけています。

近年需要が高まっている建て替え事業では、その病院が地域の中でどのような役割を果たしていくべきか、医療機能の再編や病床数の設定などを踏まえながら、建設の前段階の基

| Chapter 1-6 | Kiyoshi Mori × Shin Kubota × Jun Takehara |

特|別|鼎|談

病院給食の赤字2700億円の衝撃
業界トップが語る
医療関連サービスの未来

食材費や人件費が高騰する中、病院給食の赤字は年間2700億円にまで膨らみ、
病院経営を圧迫する深刻な問題となっている。2040年の超高齢化社会を乗り切るために、
病院給食をはじめとする医療関連サービスを維持するには？　業界を代表するミールシステム 窪田伸会長、
システム環境研究所 竹原潤社長、森ヘルスケア・サポート 森清司社長のトップ鼎談から、抜本的な解決策を探る。

Photo: Kimihiro Terao　Text: Shun Kato

森 清司
森ヘルスケア・サポート株式会社
代表取締役社長

窪田 伸
株式会社ミールシステム
取締役会長

竹原 潤
株式会社システム環境研究所
代表取締役社長

本構想、基本計画の策定から関与します。策定後は、設計事務所への設計の発注から施工の発注、進捗状況の確認、人材のアウトソーシングを含むソフト面・ハード面の運用上の確認までを行います。さらには、運用計画や、仕様書作成、整備すべき医療機器や情報システムの機器ないしベンダー選定なども支援しています。

顧客は自治体が中心ですが、最近では、公的役割を担う民間の医療法人からも、補助金や交付金を受給する事業などでご相談いただくケースも増えてきました。

——お三方とも、病院の良きアドバイザーとして活躍されています。日々、病院からの相談をいただく中で、どのような課題を感じておられますか？

窪田　前提としてまず、病院の給食部門の収支の現状をお伝えしたいと思います。

全国には約8300の病院があり、これらの給食部門の年間収入は約7000億円とされています。一方で、支出は約9700億円と推定され、年間約2700億円の赤字が出ている計算になります。

これほどの赤字が出る背景には、日本の医療制度の問題があります。日本では、国民皆保険を前提に収入が統制されており、病院給食代は過去25年間ほど据え置きにされてきました。しかし、支出に関しては、物価も人件費も上がる一方です。2024年6月にようやく入院時食事療養費1食あたり30円、患者の自己負担額が増加されましたが、微々たるものです。

また、日本の病院給食は患者以外に食事提供できない点も、赤字要因の1つです。アメリカでは、病院が提供する食事の売上の60％を職員やビジター向けの食事が占めています。ヨーロッパでもお隣の韓国、台湾でも、「患者食以外の食事提供で稼ぐ」という自由度が残されています。

しかし、日本の病院給食は医療法の制限を受けるため、収入を増やす余地がほとんどありません。これが、人件費、物価、光熱費の高騰とも相まって病院経営の赤字を常態化させる一因となっているのです。

さらには、食事提供の多様化・個

VOYAGE TO THE MEDICAL FUTURE WITH
DX AND DIGITAL HEALTH

別化・細分化も大きな課題です。日本には、「栄養基準」という食事の基準があり、患者の病態、年齢、性別などに応じて、病院によっては150〜200種類もの食事が提供されています。糖尿病だけでも何段階かに分かれており、各段階に合わせた献立があるのです。典型的な例を挙げると、ごはんだけでも、重湯、3分粥、5分粥、7分粥、普通粥、やわらかご飯と、いくつもの種類があります。

当然ながら、個別対応すればするほどコストがかかり、生産性は下がります。二律背反の問題を抱えている現状に対して、大胆な改革をしなければ、この先2040年の「8がけ社会」は持ちこたえられません。

森「患者の状態に応じた細やかな食事提供をすべし」とされているのは、医療法上、食事の提供も「治療」と捉えられているためです。「治療の一環なのだから、結果として赤字が出ても仕方がない」とされてしまいます。しかしながら、窪田会長がおっしゃる

図表1 病院を支える医療関連サービスの課題（給食部門）

病院を支える医療関連サービスの課題（給食部門）

とおり、経営環境が大きく変化している中、給食代の赤字は看過できないレベルになっています。

人手不足で委託先との「主客転倒」現象も

森 経営赤字だけでなく、人手不足の観点からも、持続可能性が失われる段階に来ていると思います。

窪田 人手不足は実に深刻です。給食に限らず、清掃や施設管理といった医療関連サービスの約7割はすでに外部委託されていますが、委託先にも人がいない。

竹原 地方では全産業セクターで「人がいない」という実感があります。それこそ病院でも、看護師不足が深刻化しています。

森 給食の外部委託に関しては、値上げ要請にとどまらず撤退する企業まで出てきています。

窪田 主客転倒していますね。かつ

PROFILE

竹原 潤（たけはら・じゅん）

1967年京都府生まれ。1990年3月久留米大学商学部卒業。同年から医療・設備メーカーに勤務。十余年の運用システム提案、医療設備機器販売等の実務経験を経て、病院PFI事業に関するコンサルティングに従事しながら病院内での勤務の後、2003年より現在の会社にて勤務。2013年に代表取締役社長に就任。現会社にて、医療・福祉に関する、基本構想・基本計画策定、経営改善、病院建設にかかる設計・施工業者選定支援や選定後の業務運営等の調整業務、各種アウトソーシング業務の適正化や包括化等に取組む。

Chapter 1-6　　Kiyoshi Mori × Shin Kubota × Jun Takehara

ては委託の募集がかかると5～6社が集まるような状況でしたが、現在は集まらない。委託会社による値上げ要請に対して、病院が「ノー」と言えば、委託会社は「では来年の3月で撤退します」と言える状況になっているのです。

竹原　民間と自治体とはまた少し感覚が違っていて、自治体は「主客転倒」の感覚は薄いかもしれません。

窪田　自治体は赤字が出ても穴埋めできますが、民間はそうはいきませんからね。

森　民間病院と公立病院の不均衡は、頭の痛い問題ですね。日本の病院の8割が民間病院ですが、地域格差が大きい。そして、影響力という意味では、やはり公立病院が2割とは思えない影響力を持っています。

竹原　国を挙げて病院制度のあるべき姿を考え直さなければ、破綻しますよ。2040年という時間軸で展望したとき、このままの制度では到底持ちません。

　現状の医療制度を支える費用を賄えていないわけですから、現状維持のためには消費税等の社会保障の安定財源に資する税を上げるしかないでしょう。国民皆保険にこだわるのならば、保険対象外の範囲を拡大しない限り、維持できないでしょう。

窪田　医療法という縛りにもメスを入れなくてはなりません。国が縮小社会に向かう中、人も財源も不足しているのであれば、竹原社長がおっしゃるように、受益者である患者の負担額を上げるしかないのではないでしょうか。

給食代に関しては、現在すでに7割負担なのですから、いっそのこと10割負担にしてしまえばいいと思います。そのうえで、食事のランクも選べるよう自由度を上げる。支払うことのできない一部の層は、アメリカのメディケアのように国がサポートする。そういった制度変革が必要だと思います。

「大きな手」を打つべきとき。DX化と機械化は不可避

——おっしゃるとおり、制度が疲弊していることは明らかですが、病院経営者の間では「世界に冠たる日本の医療制度を維持すべき」との考えが大勢を占めています。現時点で打つべき策はないのでしょうか？

窪田　大きな手を打つべきでしょう。具体的には、食材・食品の共同購入、ひいては共同生産です。すでに医療法人グループがCKをつくる動きは出てきています。例えば、10の病院と介護施設を持つグループが1ヵ所にCKをつくり、そこから各施設に配るというような仕組みです。

　先日、事務長や理事長が出席する都道府県レベルの会合で、食材の共同購入を提案したところです。まず共同購入から始めて、次なるフェーズでは、地域ごとにCKをつくって共同生産する。3万食もあるのですから、スケールメリットを活かすべきです。

　また、私が住む足立区には90～150床ほどの小規模の病院が数多くありますが、これらの病院が共同でヘルスケア給食センターを運営することで、スケールメリットも生まれますし、各病院の効率も上がります。地域の病院・介護施設の連携・協業によって新たな給食のハブができれば、病院から在宅までを含む「地域包括ケアシステムの構築」にもつながります。

　共同でCKなり給食センターなりを

図表2　2040年に向けてのロードマップ

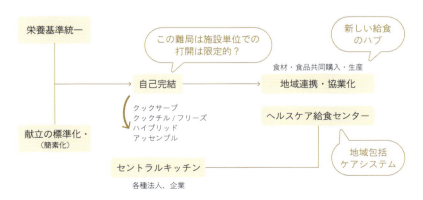

2040年に向けての準備。大きな手を打つことが求められる

VOYAGE TO THE MEDICAL FUTURE WITH
DX AND DIGITAL HEALTH

運営するうえでも、地域包括ケアシステムを構築するうえでも、データの共有化、そしてDXが欠かせません。

竹原 人手不足を補うには、機械化・ロボット化も有効です。

先日、母の入院先の病院に見舞いに行きましたら、ロボットが掃除をしていました。掃除のロボット化はわりと早期に普及するのではないでしょうか。

また、近年、大規模病院を中心に、病院内の物流にレール走行式の自動搬送設備を取り入れる動きが出てきました。実は二十数年前、搬送設備が流行した時期がありました。当時は維持費がかさむという理由で廃止したところが多かったのですが、近年、導入の動きが復活しています。

医療現場では、診療材料、医薬品、その他諸々の材料を病院内で運搬しなくてはなりません。かつては、検尿や採血で採取された検体を、病棟から検査室へと運ぶ業務を担うパートタイムの人材がいました。しかしながら、その担い手が不足している今、さまざまなロボット産業の会社が参入してきています。

人手不足が進み、技術が発展するにつれ、病院内物流で機械化・ロボット化が進むことは間違いないでしょう。

森 そうですね。お二方がご指摘していますように、人もお金も足りない中で制度を維持するには、無駄を排除し、DXやロボティクスによって効率化せざるをえないでしょう。

正直なところ、無駄や非効率を削る余地は多々あります。CT、MRIの人口あたりの保有台数が日本は世界でも断トツで多いということは、よく知られた事実です。それらをフル稼働しているならまだしも、稼働率は低い。こういった現象が、あちこちで起きています。

現在、2040年に向けて地域医療構想の議論が始まっています。私は、キーワードは「集約化」「連携」「役割分担」「機能分化」だと考えます。

50〜100床規模の病院で、残念ながらロボティクスは効果を発揮できません。そうであるならば、小規模な病院を集約化してロボットを導入したほうがいい。地方では、クリニックだけでなく小中規模の病院でも、後継者不足が問題になっています。おのずと統合が進んでいくと思います。

集約化が重要であると同時に、病院を必要としている患者の受け皿も守らなくてはなりません。必要な医療を提供し続けられるよう、地域の医療機関が相互に連携し、効率化を図ることが重要です。

2024年の診療報酬改定では、高次救急病院に搬送された患者を連携する一般病院に転院搬送する「下り搬送」に対して、「救急患者連携搬送料」が加算される仕組みが新設されました。介護報酬でも、介護施設と医療機関との連携が義務化されました。地域の病院・介護施設の連携強化を企図する改定です。

連携強化が重要なことは言うまでもありませんが、2040年に向けて持続可能な地域医療を実現するには、「連携」からもう一歩踏み込んだ「役割分担」と「機能分化」が求められます。単純に患者を紹介し合う関係性や協

PROFILE

窪田 伸（くぼた・しん）

株式会社ミールシステム取締役会長。一般社団法人ヘルスケアフードサービスシステム協会代表理事。1976〜2005年株式会社セントラルユニ。2005年株式会社ミールシステム設立。現在はヘルスケア（病院、介護施設）給食システム構築の専門家集団として、現状調査分析、基本構想／計画、実施計画、システム稼働時のフォローまでのトータルプランニングを業務とし、数多くの実績を重ねている。著書（共著）に『病院・介護給食経営改革〜どうする!?　未来〜』（日本医療企画）。

力関係を結ぶだけでは不十分です。

　同じ機能を持つ医療施設がいくつもあって連携したところで、効率化は図れません。無駄をなくし、機能に応じて役割分担して初めて、現在直面している課題を解決できるのです。そして、それを実現するための礎として、DX、ロボティクス、モビリティといった新技術が不可欠だと思います。

窪田　新技術はあくまでツールにすぎませんから、根底の仕組みをしっかりと構築しなくてはなりませんね。

連携の要点は提供側と受益者双方の意識変革

森　おっしゃるとおりです。すでにデジタル化はだいぶ進んでいる印象です。デジタルデータの分析もできるようになり、現状が「見える化」されてきました。問題はその先の、「DXに向かえるかどうか」です。

　すなわち、集めたデータを分析し、先読みまでしたうえで、それに合わせた働き方や業務内容を、一病院にとどまらず地域として考え、変えていけるかどうかが問われています。これが本来のDX化です。

　今はそこに進むべきタイミングなのですが、ベースとなるマイナンバーカードさえ遅々として進まない。以前、台湾のデジタル化の立役者であるオードリー・タン氏の話を聞く機会がありました。印象的だったのが、「国におけるDX化の最大のポイントは、国民による政府への信頼感だ」という氏の言葉でした。日本では、医療分野に限

PROFILE

森 清司（もり・きよし）

1987年4月、野村證券株式会社に入社。主に、上場企業に対しM&Aアドバイザリー機能や多様な資金調達手段の提供、コンサルティング等の投資銀行業務を幅広く展開。2018年4月、野村ヘルスケア・サポート＆アドバイザリー株式会社に出向、翌年4月、代表取締役社長に就任。全国の医療機関や介護施設事業者などに、さまざまなコンサルティング業務を幅広く展開。2024年4月、森ヘルスケア・サポート株式会社を設立。

らず、その部分を乗り越えなくてはなりません。

——先ほど「連携」というキーワードが出ましたが、連携をグランドデザインするにあたり参考になるような事例や助言はありますか？

窪田　日本は行政主導のほうが制度変革を推し進めやすいですから、地方自治体の行政に期待したいところです。

竹原　とはいえ、都道府県によっては公立病院が極端に少ないところもありますから、県主導ではどうにもならないところもあります。国が地域医療構想を提唱するのであれば、地方自治体に委ねるだけではなく、民間の医療施設も含め連携しやすいような制度なり仕組みなりを設計すべき

だと思います。

　地方では急速に再編が進んでいて、市立病院と労災病院が一緒にならざるをえないようなケースもあります。本来スムーズに進まないような統合でも、経済的インセンティブが作用すると実現しやすい印象です。

森　公立病院と民間病院の比率は地域格差が大きいですから、行政主導で強引にでもつくり上げるべき地域もあれば、経済的なインセンティブが必要な民間主導の地域もあります。実行するには大変な作業ですが、ヒト・モノ・カネのさまざまな手当てを都道府県ごとに考えなくてはならないのだと思います。

　提供側である病院同士の連携の仕方もさることながら、もう1つの側面

VOYAGE TO THE MEDICAL FUTURE WITH
DX AND DIGITAL HEALTH

として、医療を受ける側の意識が変わることも、連携にとって重要です。というのも、患者である地域住民の反対によって病院の統合が妨げられることが珍しくないからです。国民皆保険のもと、誰もが医療にアクセスできるというメリットを享受し続けたいのであれば、多少の不便は許容し、病院の集約化・効率化が急務であることを地域住民に理解してもらう必要があります。

これから「かかりつけ医機能」がスタートしますが、現状の意識のままでは、「大学病院に軽症患者が集中する」というような状況は改善されません。最近、軽症で救急搬送された患者には7700円を負担させるとした自治体もありましたが、その背景には、「救急搬送の57％が軽症」という実態がありました。

窪田 日本人は「医療がタダだ」という概念がどこかにありますが、いつまでもそういうわけにはいきません。

▌病院を持続可能にする ▌「発想の転換」

――最後に、病院経営者が2040年に向けて取り組むべきことについて、提言があればお聞かせください。

窪田 まず短期スパンでやるべきことは、自前生産にこだわらずに外部生産の幅を広げることだと考えます。自前生産とは、病院施設内に調理室を設けて原材料から料理を毎食生産する、ないしは調理後の冷却・冷蔵したものを冷凍保存しておいて再加熱し

て提供するという手法です。従来は、こちらの手法が主流でした。

一方、外部生産とは、外部生産品を購入して提供する手法です。現在、細分化された個別対応の特別食のみを自前生産で提供し、一般食に関しては冷蔵・冷凍食品を外部から購入して提供する「ハイブリッド」な手法が急速に拡大しています。また、すべて調理済みの食品を外部から購入して盛り付け・配膳・食器洗浄のみ自前で行う「コンビニエンス」や、機内食のようにセット済みの食事を再加熱するだけで提供できる「キッチンレス」という手法も、一部の病院では導入され始めています。

こうした外部生産は、介護施設ではかなり導入が進んでいます。病院でも、人手不足と収益改善には有効な方策でしょう。

森 大賛成です。さらに、個別化・細分化した食事をできる限り標準化して、病院、介護施設、在宅などが連携・協業して一気通貫で食事提供できることが理想ですね。

私は、2040年を迎えるにあたり、すでに小手先の策では追いつかない状況にあると考えています。今回の診療報酬改定で「栄養情報連携料」が新設されました。しかし、「退院後に栄養情報を引き継げば加点する」なんて発想はもうやめて、地域全体で一体となって連携する方法を探るべきです。

現在、退院後の低栄養がフレイルを引き起こすとして問題になっています。退院後の栄養基準が不明確なまま施設や在宅に行ってしまい、再び

栄養状態が悪化して入退院を繰り返す。こういったことが、実際に起きてしまっているわけです。

入院中の食事情報が地域内で共有されれば、例えば、退院後に地域の飲食店でその情報を本人の判断で開示することもできます。そんな世界をつくるくらいの、大きな発想の転換をしましょうよ。地域全体としていかに持続可能性を担保するか。その一点を、地域一丸となって追求していくべきだと思います。

竹原 私は、2040年に向けて、建物を含めた医療空間がこれまでどおりである必要はないと考えています。

病院の延床面積のうち、純粋たる医療に使われている面積は約72％で、残りの28％は会議室や厨房、レストランといったスペースに使われています。そこで、純然たる医療に使われる建物と、それ以外の医療関連サービスに使われる建物に分けたうえで、地域の民間企業とタイアップしながら全体を運営していくことを考えてもいいのではないでしょうか。

建築費も高騰している中、せっかく建設した病院施設を30年、40年と維持し続けていくためには、地域の企業と雇用面も含め連携することが求められます。

先ほど、国や地方自治体主導の制度の話が出ましたが、制度が変わるのを待っていては間に合いません。「自己完結はありえない」という発想のもと、官民の垣根も業界の垣根も越えて連携し、地域の医療を維持する方法を探るべきだと考えます。

Chapter
2

生き残りをかけた
病院経営の革新と挑戦

病院経営を取り巻く環境は激変している。
生き残るためには、従来の常識にとらわれない大胆な発想と、
迅速な行動が不可欠だ。経営効率化、働き方改革、そして地域連携……
先進的な取組みから、未来の病院経営のヒントを探る。

VOYAGE TO THE
MEDICAL FUTURE WITH
DX AND DIGITAL HEALTH
Chapter 2-1

きっかけは副院長の斬新な発想

——まずは、貴院がいち早くDXに着手された経緯をお聞かせください。

きっかけは、2018年頃、副院長が「病院でインカムを使えないか」と提案してきたことでした。当初、私は正直なところ「病院でインカムなんて必要あるのだろうか」と懐疑的でした。しかし、副院長の斬新なアイデアに触発され、固定観念にとらわれずに「まずは試してみよう」という気持ちになりまして、病院内で使用可能なWi-Fi対応型インカムを75台導入してみました。

特に用途を指定せずにインカムを病棟に渡してみたところ、これが予想以上に好評で。導入前は、担当看護師を探すのに各病室を回って大声で名前を呼ぶような状況でしたが、インカムを使えばどこにいてもすぐに連絡をとれるようになりました。看護師間の情報共有がスムーズになり、業務効率が大幅に向上したのです。

当時の私は、医療システム担当者として、2000年代初頭から導入していた電子カルテなどの既存システムの運用保守やトラブル対応といった業務を中心に行っていました。しかし、スマートフォンやタブレットなどのガジェットが好きでITへの関心も高い副院長が病院経営に参画するようになってからは、IT化をより進めやすくなり、DXへと視野が広がっていきました。

インカム導入から5ヵ月後の2019年4月には、患者自身が自己の診療情報や検査結果をスマートフォンで確認できるPHR（Personal Health Record：個人健康記録）アプリ「NOBORI」を導入しました。

PHRについては、EHR（Electronic Health Record：電子健康記録）が全国的に普及してきた2012年頃から、「次はPHRの波が来る」と予想していました。もっとも、PHRという概念は知っていても具体的にどう実現するかはイメージできずじまいでした。そんな中、2018年頃に、広島県福山市の病院がPHRのシステムを導入したという話を耳にしました。すぐに見学に行き、導入を決めましたね。

PHRは、「患者さんの情報は患者さんのもの」という考え方に基づき、患

Chapter 2-1　　Yoshihiro Sakakibara

DX成功事例の立役者に聞く
院内理解の秘訣は
人と戦略にあり

いち早く病院のIT化に取組み、医療機関として先進的なDX推進施策を展開してきた
公益財団法人操風会 岡山旭東病院（岡山市）。
いかにしてDXを成功に導いてきたか、その秘訣と実践のポイントを、
IT推進センター CIO 情報システム室室長 榊原祥裕氏に伺った。

Photo: Takashi Yamade　Text: Shun Kato

榊原 祥裕

公益財団法人操風会 岡山旭東病院 IT推進センター CIO 情報システム室 室長

者自身が主体的に健康管理に関わるための仕組みです。私は「絶対に必要な仕組みだ」と確信していたものの、はじめのうちは、医師の一部から、医療情報を患者に渡すことについて懸念する声も上がりました。

そこで、最終意思決定機関である経営会議で病院としての導入意思を固めたうえで、あらためて医師のみで構成される医局会の場で、説明の機会を設けました。その結果、最終的には病院全体で導入の合意形成を図ることができました。

■院内理解を醸成できた
2つの要因

──その後も、AI問診や病院公式アプリ「旭東San」、さらには生成AIの活用など、先進的な取組みを矢継ぎ早に実現されています。これらの取組みを成功に導くことができた要因は何だったのでしょうか？

当院では、2020年1月にAI問診「Ubie（ユビー）」を導入し、同年6月にはスマートフォン問診を導入、2021年7月には、公式スマホアプリ「旭東San」をリリースしました。その後も、2022年4月に遠隔画像共有アプリ「Join」を導入するなど、2022年、2023年とさまざまなシステム導入を進めてきました。2024年7月には、生成AI、CRM、バックオフィスシステムも導入しています。このように勢いよくシステム導入を進めてこられたのは、ひとつは病院経営層のDX推進に対する積極的な姿勢があったから。そしてもうひとつは、これを現場に浸透させる体制があったためでしょう。

副院長はITに精通する専門家ではありませんが、つねに新しい技術に関心を持ち、「こんなことができるのではないか」と率直にアイデアを出してきてくれます。公式アプリもその一例です。

副院長の発案を受けて、私がITの専門家の目線でアプリの使い道や機能、全体設計を考えてみたところ、「問診などの機能をもつ既存のアプリをひとつにまとめる」という発想や、「外来の待ち時間に対するストレスを軽減する」という発想に思い至りました。

オリジナルアプリの製作は、日頃はウェブデザインなどを行っている岡山

special issue No.15 Think! | 53

VOYAGE TO THE MEDICAL FUTURE WITH
DX AND DIGITAL HEALTH

県内の会社に依頼したため、大企業に依頼するのと比べて桁違いのローコストでつくることができました。アプリのストアからダウンロードして使うタイプのネイティブアプリではなく、ブラウザからも閲覧できるPWAタイプのアプリなので、正確なユーザー数は把握できていませんが、主に外来患者が待ち状況を把握するために活用されているようです。

アプリの画面では最新の待ち状況が表示されるため、例えば、病院のカフェや中庭で時間を過ごし、順番が近づいてきたら診療室前に移動するという待ち方ができるようになりました。ほかにも、健診予約やスマートフォン問診の機能も搭載されています。スマートフォン問診は、内容としてはタブレット問診と変わりませんが、来院前にあらかじめ自宅で問診を終えられますので、患者側も病院側も時間と手間を省けるというメリットがあります。

経営層が積極的であるがゆえに、発想を実現するための意思決定もスムーズに進みました。AI問診を導入した際も、営業提案を受けてすぐに全職員に説明し、翌月には経営会議で導入を正式決定、その翌月には稼働開始というスピード感で導入しました。

DXを戦略的に展開するには、この

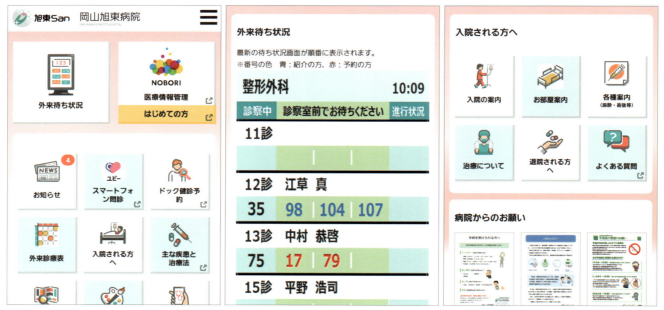

外来待ち状況を遠隔で確認できる公式アプリ「旭東San」

図表　IT推進センターのメンバー

　スピード感が重要です。いち早く取り組むことで世間の注目も集まり、新聞社やテレビなどが取材にくるため、「IT推進に積極的な先進的な病院」としてのブランディングにもつながります。

　2021年には、病院全体で医療DXを推進していくための専門組織「IT推進センター」を設立しました。この組織は、副院長の直轄組織であり、診療技術部長、リハビリテーション課長、検査課主任、病棟師長、企画課主任といった多職種の職員で構成されています。

　メンバーを選出する際には、役職者を選ぶこと、そして病院の全体最適の視点を持つ人物を選出することが重要です。専門的な視点だけでなく「どうすれば病院全体がより良くなるか」という発想を持つ人に働きかけてメンバーになってもらうことで、真に現場の課題を反映したDXを推進できますし、病院全体で目指す方向性を理解した人が、それぞれの現場に戻って各部にDXを浸透させる効果も期待できます。

　逆に、最初の人選を誤るとブレーキがかかってしまいます。いくらトップが意欲的でも、現場が消極的でトップだけが意気込んでいては、DXは実現できません。現場で影響力を持つリーダー的な人物、かつ病院全体のメリットを視野に入れながら現場の発想を積極的に届けてくれる人物に、IT推進の中心メンバーとして加わってもらったことが、成功要因のひとつになったのだと思います。

　当院ではさらに、病院の経営方針に「ITの積極的な活用」を明記し、全職員に対してDXの重要性を周知徹底しました。院長から毎年発信される経営方針にITが明記されているため、各部署が作成する経営計画にも、必ず何かしらの形でITが含まれます。「ITを活用して、より良い医療を提供していく」というトップメッセージが各部に浸透し、IT導入の機運が高まると、病院スタッフ一人ひとりが「旭東病院はIT活用に積極的な病院であ

VOYAGE TO THE MEDICAL FUTURE WITH
DX AND DIGITAL HEALTH

る」という自覚を持つようになります。そうすると、新たな取組みやシステム導入に対する抵抗感も薄れ、結果として、先進的な取組みの成功につながったのだと考えています。

病院のDX推進を阻む2つの壁

──医療のDXを進めるには、病院全体で「ITを活用する」という意思を統一し、組織的に取り組んでいくことが重要だとお伺いしました。しかしながら、医療関係者側にも患者側にも、高齢層を中心にデジタルへの抵抗感が根強く残っており、DXの障壁となっている印象があります。とくに地方では、その傾向が強いのではないでしょうか?

たしかに、高齢者のデジタル・ディバイド(デジタルデバイスを使える人とそうでない人との間に生じる情報格差)が社会問題化している現状があります。しかしながら、一口に高齢者と言っても、70代くらいまでの高齢者ならスマートフォンを普通に使える人が多いですし、80代、90代の患者であれば、病院には大抵、付き添いの方といらっしゃいます。ITサービスを使う場面では付き添いの方が代行できるので、必ずしも患者本人が使いこなせる必要はありません。

むしろ、来院理由や症状を文字で表現する紙の問診票と比べて、用意された選択肢をクリックしながら問診に答えられるAI問診票のほうが「楽でいい」という声も聞かれます。

例えば、タブレットの入力画面に「あたま」を入力すると、「頭が痛い」、「頭をけがした」、「頭が重い」、「頭がぐらつくようなめまいがある」などの選択肢が表示されます。患者は当てはまる症状をタップすればよく、症状を詳細に文字で記入する手間を省けます。

「タブレットなどのデジタルデバイスは高齢者に不向き」というのは、案外思い込みに基づく言説かもしれません。とはいえ、もちろんデジタル全般に苦手意識を持たれる方はおられますので、デジタルデバイスの扱いを含め困っている方に対しては、病院コンシェルジュがサポートできる体制も整っています。

──そうであるにもかかわらず、一般的に病院のDXが進みにくい要因はどこにあるのでしょうか?

「患者の医療情報」というセンシティブな情報を扱う点に、難しさがあるのだと思います。DXを進めるのであれば、基本的にはクラウドサービスの利用が不可欠です。しかしながら、個人情報の漏洩防止を最優先にすると、クローズドな環境でしかデータを扱えなくなってしまいます。外部のクラウド

PROFILE

榊原 祥裕(さかきばら・よしひろ)

徳島大学総合科学部卒業。富士通の医療担当SEを経て2003年より公益財団法人操風会岡山旭東病院勤務。情報システム室室長。IT推進センターCIO。法人本部IT戦略室長。上級医療情報技師。岡山県医療情報技師会副会長。

サービスに接続できないとなると、DXは遅々として進みません。病院のDXを本気で前に進めるのなら、安全に配慮しながら、外部環境に接続する方法を探るしかないでしょう。

——医療DXを推進していくには、IT人材の確保も避けて通れない問題と言えそうです。貴院では、どのように人材を確保しておられるのでしょうか?

当院は、200床強の規模の病院で、ITの専任人材が私を含めて3人います。IT推進センターを設立した2021年当時、専任は私1人でした。その後ようやく2人入ってきましたが、プリンターの修理からシステム関係まで法人全体のIT業務を3人で回しているので、人手不足であることは否めません。

医療機関のデジタル関連職は、一般企業のそれと比べて、給与水準が低い傾向にあります。このため、IT人材の確保が難しいのが現状です。まだまだIT専任の担当者がいない病院も多く、システム導入・運営をすべてベンダーに丸投げせざるをえない病院も少なくありません。医療事務担当者がIT関係をかけもちで担当していることもありますが、バックグラウンドがない人が担当しても、できることが限られてしまいます。

当院では、公式ホームページに求人を掲載しているほか、医療情報技師の資格保有者を対象とした求人サイトも活用しています。

もっとも、IT人材を確保するだけでは、DXは実現できません。経営層が担当者に「DXしてくれ」と丸投げしてしまっては、担当者は、どのような目的で何をしていいのかわかりません。当院の場合は、システムベンダーで5年の勤務経験のある私がシステムを担当し、歳の近い副院長がたまたまITへの関心が高かった。そして、病院の生き残り戦略としてのDXを積極的に進めるというトップの姿勢がありました。だからこそ、タイミング良くDXに乗り出せたのだと思います。

DXに膨大なコストがかかることは事実です。しかしながら、IT化やDXに乗り遅れてしまうと、今後、病院の生き残りは難しくなるでしょう。また、小規模な病院だからといって、サイバー攻撃のターゲットにならないという保障はありません。セキュリティーの観点からも、IT人材の確保は急務と言えます。

2040年に向けた ロードマップの描き方

—— 2040年に向けて医療機関がDXを推進するうえで、どのようなロードマップを描くとよいのでしょうか。

やはり一番は「人」が大事だと思います。私はたまたま前職がシステムエンジニア(SE)であり、SEとして旭東病院に入りましたが、生成AIをはじめとする技術が発展してきた昨今、DX推進担当者がSEである必然性はありません。それよりも、「何かを変えていこう」という意思や好奇心、推進力やマネジメント力といった能力を持つ人材に入ってもらうことが、最も重要です。

マネジメントを得意としており、新たなイノベーションを起こせるような人をうまく採用できるかどうか。これが、DX推進の一番のポイントです。病院の内側にいる人材だけで変えていくには限界があります。新たな視点を持つ人が外から入ることで初めて、DXによるイノベーションを起こせるのだと思います。

人材の次に重要な点は、現状を把握することです。課題が明らかでないままにシステムを導入しても、何も解決できません。現状を把握して課題を洗い出したうえで、その課題を解決するために何をすべきかを考える。電子化でもシステムでも、導入前にまずは患者アンケートや各部署へのヒアリングなどを通して、病院の現状を把握しなければなりません。ITやデジタルの力で変革をもたらすことがDXであり、システムを入れること自体はDXにはあたりません。

そして、変革をもたらすには、この先、AIの活用は避けて通れないでしょう。生成AIは間違いなく業務を変えていきます。当院でも、2024年7月から生成AIを業務にとり入れるべく、検証を開始しました。外来診察記録や紹介状、サマリーの作成、検査・放射線関連、診療以外の企画、薬剤関連でユースケースを選定し、若手を中心に全職種30人以上のチームで検証を行っています。2024年12月末までには検証結果を出す予定ですが、現場によってはすでにルーティンに近い形で活用されているところもあ

VOYAGE TO THE MEDICAL FUTURE WITH
DX AND DIGITAL HEALTH

ります。

好事例のひとつが、外来診察の記録作成業務です。従来の外来診療では、医師は診療記録をつくるために「患者ではなくパソコンばかり見ている」という現象が時に批判されていました。しかし、生成AIを使うことで、音声データから診察記録をつくれるため、医師は録音開始ボタンを押しさえすれば、患者との会話に集中できるようになります。記録作成業務の時間短縮になるだけでなく、患者との関係を改善する効果もあるものと期待しています。

AI活用においても、現状と課題の把握が大前提になります。例えば、読影専門の医師がいる病院ならAIの画像診断の導入は必ずしも必要ないかもしれません。しかしながら、読影が追いつかず他機関に依頼しているような医療機関にとっては、AI画像診断が大いに役立つでしょう。

このように、現状を把握し、目的を定めて活用しなければ、新技術を導入しても「どう使えばいいかわからない」という状態に陥ってしまいます。どんな情報データをもとに、それを使ってどう業務を変えていくべきか、課題を分析したうえで、DXを進めていかなくてはなりません。そのためにはやはり、DX推進の専任者をおくべきでしょう。

——ほかに、ロードマップを描くうえでのポイントはありますか?

国が主導するマイナンバー制度や全国医療情報プラットフォームなどの動きを踏まえることです。厚生労働省が掲げる医療DXも、基本的にはマイナンバーを使った仕組みですし、診療報酬にも影響してきます。

一方で、マイナンバー制度の現状を見ると、当院でも保険証として持参される方は2割にとどまっていますし、対応するための機械も3台しかありません。マイナ保険証への一本化が2024年12月に迫っていますが、直前になって利用が急増し、病院側の対応が追いつかなくなることは目に見えています。マイナンバーにはまだまだ不完全なところがあり、DXとは言い難い状況です。

そうは言っても、マイナンバー制度はすでに閣議決定された国策です。不完全な部分は今後改善されていくでしょう。現状では医療機関にとってのメリットは大きくありませんが、医療機関としてその仕組みにのっとってDXを進めていくほかありません。国のシステムが整うにはまだ時間がかかりそうですので、当院としては、先行する民間のシステムを採用しながら対応していく方針です。

将来的には、民間のサービスとマイナンバーとの連携も進み、APIでつなぎ込みができるようになるでしょう。2025年度からは、オンライン資格確認を起点に、電子処方箋や医療情報を共有するための仕組み「全国医療情報プラットフォーム」も本格化すると聞いています。国の動きを注視しつつ、同時に民間のサービスも活用しながら、スピーディーにDXを進めていきたいと思います。

地域住民の健康を守り続けるために

——最後に、病院経営者へのメッセージをお願いします。

DXを推進するうえで肝となるのが、人と戦略です。DX推進をどう考え、どう実行していくか。これを経営者だけでやろうとすると、壁にぶつかります。

当院の場合は、副院長がITに関心の高い人で、DXを推進する立場のCIO(Chief Information Officer:最高情報責任者)である私と年齢も近いため、タイミング良くスピーディーにIT化とDXを推し進めることができました。副院長直轄のIT推進センターでは、部門の枠を超えて適切な人材に参画してもらい、現場の実態に即した意見を届けてもらうとともに、DXを現場に浸透させる役割も担ってもらいました。IT推進センターではまた、知財を集約し、将来を見据えた病院の生き残り戦略として「先進的な病院」としてのブランディングをも視野に入れた活動を行ってきました。

2040年を前に、病院の統廃合が進むことが予想されます。岡山県も例外ではありません。ここで改めて、「医療は社会インフラであり、病院の使命は地域住民の健康を守ることにある」と強調したいと思います。少子高齢化が進み、医療の担い手が足りないからといって、病院が撤退するわけにはいきません。地域住民の健康を守る存続であり続ける、そのための手段として、病院はDXを推進すべきであると考えています。●

VOYAGE TO THE MEDICAL FUTURE WITH
DX AND DIGITAL HEALTH
Chapter 2-2

地域医療構想による医療の質強化
人口減に
公民一体病院で拓く活路

2023年11月、山形県米沢市に公民一体の新病院施設が誕生した。
公立である米沢市立病院の敷地内に民間の一般財団法人三友堂病院(以下、三友堂病院)が
移転し連携することで地域に高度な医療を提供する。
独立採算制を保ちながら機能分化する、地域医療構想においても全国初となる事例だ。

Photo: Kenji Otsuki　Text: Shun Kato

仁科 盛之

一般財団法人三友堂病院 理事長

VOYAGE TO THE MEDICAL FUTURE WITH
DX AND DIGITAL HEALTH

■ 人口減りゆく社会
データに即した経営を

――三友堂は130年以上と長い歴史を持ち、地域に根ざした医療を提供してきた病院です。公民一体となり新しい役割を受入れるには覚悟も必要だったかと思いますが、なぜ、その決断に至ったのでしょうか。

理由の第一に挙げられるのは、医療を取り巻く環境が大きな変化を見せていることです。その一番の原因は人口動態の変化でしょう。特に東北地方は顕著です。山形県に設定される二次医療圏（病床の整備を図るべき地域的単位）においても人口減少が進んでおり、2025年には米沢市は推定7万7000人にまで減少すると言われています。山形県も100万人を切る寸前になっています。

もう1つの要因は、医師と医療従事者の人材減少です。その志望者もまた減少傾向にあります。例えば、私が校長を担っている看護学校では、以前の入学倍率は平均して2倍であったものの、この10年で1.5倍にまで減少しました。

医療人材の中でも、とりわけ地方の医師不足は全国的な課題であり、われわれにとっても切実です。通常であれば、医療機関が医師を確保したい場合は大学の講座や医局に依頼することになります。しかし、このように地方の人口減少が進み医療人材も患者も不足する中では、2つある病院にそれぞれ派遣するよりも、1つの病院に派遣するほうが現実的です。加えて、医療機関の急性期と慢性期は、機能別に集約したほうが、医療を取り巻く今後の環境変化にも対応しやすいであろうとは以前から考えていました。

米沢市立病院は急性期322床と地域包括、三友堂病院は急性期185床、そして回復期医療を担う三友堂リハビリテーションセンターは120床を有していました。今後、人口減少に伴い疾病構造も変わっていきます。急性期医療は引き続き必要になりますが、それ以降の医療の充実も欠かせません。そこで、米沢市立病院は急性期医療を、三友堂病院は急性期以降の医療を担当するという機能集約に至ったのです。米沢市立病院の建て替えと同時に、同敷地内に三友堂病院と三友堂リハビリテーションセンターの2施設を移転新設したのです。

――米沢市立病院は急性期医療を、三友堂病院は急性期以降の医療という分担はどのように決まっていったのでしょうか。

急性期入院医療を対象とした診療報酬の包括評価制度となるDPC／PDPS

PROFILE

仁科 盛之（にしな・もりゆき）

1976年に日本医科大学医学部卒業。1976年より東京女子医科大学腎臓病総合医療センター入局。1980年より山形大学医学部第一外科入局。1989年より財団法人三友堂病院にて外科医師として入職。1990年より同 副院長。1997年より病院長。2003年より財団法人三友堂病院 理事長（病院長兼任）同 看護専門学校 学校長。2013年一般財団法人三友堂病院に組織を改める。2024年時点一般財団法人三友堂病院 理事長 同 看護専門学校 学校長。

（Diagnosis Procedure Combination／Per-Diem Payment System）のデータ分析を行った結果です。米沢市立病院と三友堂病院について、それぞれの診療科の強み、占有率などを分析した結果として、三友堂病院を米沢市立病院の敷地に移動し、集約したほうがよいだろうと考えたのです。

敷地内に両病院があり、隣同士であるほうが患者にとっても利便性が向上します。電子カルテ情報なども連携させ、建物としても渡り廊下で接続することで、医療スタッフ同士も顔が見える距離感の関係性をつくっています。

──しかし、三友堂病院はこれまで地域の急性期医療を担い続けてきました。従業員から反対の声はなかったのでしょうか。

実際に反対の声もありました。しかし、人口が減り続ける中でパイを奪い合っても仕方ないのです。15歳から65歳の生産年齢人口が減少し、75歳以上が増えていくことはすでにわかっています。増加傾向は2040年に頭打ちになるとも言われていますが、いずれにしても時代の流れは変えられません。人口推移やDPC／PDPSのデータを見せて説得したところ、理解を得られました。

医療機関のポジショニングは非常に大切です。病院経営としては、理想を語るよりも、地域の患者の利用データを分析し、自身の医療機関へのニーズを理解したうえで戦略を立てる必要があるのです。

──米沢市立病院と三友堂病院では、施設内の部門はどのように分けていったのでしょうか。

急性期の効果的な治療と急性期以降でも十分なケアが両立できるよう、一ヵ所で医療連携をすることを目指した機能分担を行っています。米沢市立病院の急性期以降の患者は、すべて三友堂病院へ移管しました。病棟としては、現在の三友堂病院には、地域包括ケア病棟と回復期リハビリテーション病棟、緩和ケア病棟が存在します。部門としては在宅医療部門や人工透析部門、健診部門などがあります。健診部門にある人間ドックは米沢市立病院でも実施していましたが、現在は三友堂病院に集約しています。

公立と民間で異なる風土 再編目指し重ねた調整

──今回の再編について、米沢市立病院との交渉はどのように始まっていったのでしょうか。

まず米沢市立病院側に、病院のあり方を見直す出来事があったのです。2015年、米沢市立病院では常勤医の高齢化などの理由で医師不足の課題があり、精神科の医師にも救急を担ってもらおうと依頼したのです。ところが、医師への負担が増えた結果として精神科の医師4人が同時に辞めるという出来事がありました。常勤医の高齢化と医療人材不足という複数の要因が重なり、米沢市立病院としても苦渋の選択であったわけですが、結果として病院内の労務環境によくない

影響をもたらしてしまいました。医療スタッフも派遣元の大学の教授の意向を聞かなくなってしまっており、私は当時の米沢市長から、このままでは米沢の医療が維持できないと相談も受けていたのです。

そこで三友堂病院と米沢市立病院が医療連携し、2017年に「米沢市地域医療連携あり方委員会」を設立したのです。米沢市立病院と三友堂病院の再編統合による機能分化案を策定し、両病院ともに、新築移転を前提とした協議が始まっていきました。

──地域住民への説明においては、スムーズに理解を得られたのでしょうか。

どの地域であっても、住民の方々からすれば抵抗があるのは必然です。三友堂病院では毎年一度、健康に関するフォーラムを開催していました。そのときに地域の方々にアナウンスと説明を行いました。新たな立地では病院が遠くなる方もいらっしゃるでしょうが、車社会であること、移転先が約2kmとさほど遠い距離でないことも手伝って、なんとかご理解をいただけました。

──異なる病院の再編にあたっては、医局の違いも大きな課題となります。米沢市立病院と三友堂病院では、どのように解決したのでしょうか。

派遣先の講座の主任教授同士で、直接話し合っていただきました。もしも医局が同じであったならもっとスムーズだったとは思いますが、それぞ

VOYAGE TO THE MEDICAL FUTURE WITH
DX AND DIGITAL HEALTH

れの大学の意向も踏まえて交渉や調整を進めていただいた形です。

——公立病院と民間病院では財務構造や資金元などが異なりますが、独立採算制は維持されているのでしょうか。

会計などは分離したままです。しかしながら、合意に基づく前提として、やがて市立病院の財務状況が改善された場合には、地方独立行政法人として法人化することを条件として提示しました。法人化することで柔軟な資金獲得や自由度の高い経営が可能

になりますからね。5年後の実現を見据えていましたが、やはり医療経営にとっては厳しい時代の流れがあるため、実際には状況を見ての判断になっていくでしょう。

——再編にあたっては、清掃や調理

図表1 山形県置賜区域の再編の概要

再編により、両病院に共通する課題解消を目指す。機能分担により、より質の高い高度な医療提供が可能になった。

図表2　建物内の共有図

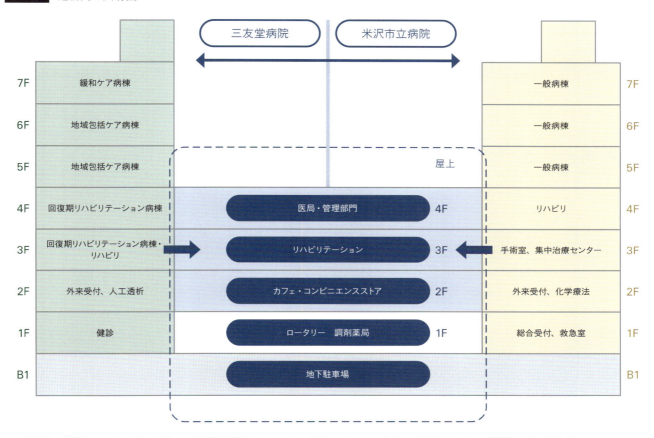

病院は独立採算制でありながら、建物としては渡り廊下でシームレスに接続されている。患者にも医療スタッフにも利便性の高い構造だ。

などの関連事業者や担当患者の移管などの調整事項があるかと思います。これら細かな取り決めはどのように進めていったのでしょうか。

　例えば病院食に関しては三友堂病院が担当するなど、事業者や担当の区分はスムーズに決まっていきました。一方で、患者の調整は診療科同士での調整などさまざまな考慮事項が存在することから、時間を要しました。この動きについては「米沢市地域医療連携あり方委員会」の方針に基づいて、病床調整を行いました。医局部門と診療部門、さらに看護部門や検査部門、放射線部門など各部門の代表者が集い、調整を重ねていきました。

　再編後は、両病院の経営者会議は月に1回、双方の病院長と理事長や事務局が出席し、連携についての課題や意見交換、お互いの要求事項の申し入れなどを行っています。

——新体制になった後、内部からはどのような声がありましたか。

　正直なことを申し上げれば、三友堂病院では急性期医療を担当しなくなった分、業務負担は以前よりも軽減されました。夜中に呼び出しがかかることも減りましたからね。医療機能が混在していた頃は対応も多岐にわたり大変だった面もありましたが、急性期以降の患者だけに絞られることで、対応もある程度予測できていきます。

VOYAGE TO THE MEDICAL FUTURE WITH
DX AND DIGITAL HEALTH

医療サービスの満足度も高めやすくなりました。

医療人材の不足については再編後も米沢市立病院と三友堂病院に共通する課題ですが、米沢市立病院のほうが切実です。その状況で急性期医療を担当する以上は、楽ではないのが実際のところであるでしょう。

実は、再編前には「公立病院の安定性にひかれて、三友堂病院の医療人材が米沢市立病院に異動してしまうのでは」という懸念もありました。しかし、実際には行かないのです。なぜなら、以前からよいライバル意識があり、三友堂病院の医療を担う立場としての矜持もあります。公立病院と市立病院では風土も異なりますから、働き方や患者への接遇などの価値観も異なる。隣同士になったからといって、違いが無くなるというわけではないのです。

自らの位置づけこそ変動の時代を生き抜く術

——先ほど、数年後には米沢市立病院が地方独立行政法人となるロードマップもあるとお話いただきました。教育や研修についての合同の取組みなどはあるのでしょうか。

すでに、共同で「よねざわヘルスケアネット」という地域医療連携推進法人をつくり、医療従事者の合同研修や交流、医薬品の共同交渉の検討や高度医療機器の共同利用を推進しています。現在は米沢市立病院と三友堂病院の2施設のみですが、将来的

には他の医療機関や福祉施設にも参加いただきたいと考えています。

——2病院を機能別に集約する再編の形を採られたわけですが、患者の受診状況などは問題ないのでしょうか。

スムーズに行えています。本来は、もし急性期医療で入院した場合には、退院までの間、1つの医療機関内で医療が完結するのが一般的だと思います。再編後は、急性期医療で米沢市立病院に入院した場合は、急性期医療が完了した後の「ポストアキュート」の段階や回復期医療になると、三友堂病院に切り替わります。その医療連携がスムーズに行くよう、患者視点に立った仕組みを構築しています。米沢市立病院での治療により状態が安定した患者は、ベッドに寝たまま三友堂病院に移ることも可能です。

——医療機関が健全な経営を続けられるようにするためには、どのような取組みが必要だとお考えですか?

医療経費において、大半を占めるのは人件費です。働き方改革も労働時間に大きな影響を及ぼしている一方で、診療報酬はなかなか上がらず、病院経営も苦しいものになりがちです。患者のために真面目に医療に取組んでいれば経営が成り立ち、医療の質が担保されるという仕組みになっていくべきです。

——地域医療構想が進み、さまざまな地域で再編統合が進んでいくと考えられます。今後、覚悟と判断が求

められるであろう病院経営者に向けたメッセージをお願いします。

そうですね。今回のわれわれの再編については、一般社団法人日本病院会会長 相澤孝夫先生の講演の事例の中でも取り上げられていました。地域医療構想が進む中で、将来的によいモデルになるだろうと捉えられているのでしょう。

そのうえで第一に重要なメッセージは、医療を取り巻く環境において、自身の医療機関のポジショニングを考えることです。例えばDPC／PDPSデータや人口動態、地域医療構想の中で決まっている方向性などに基づいて検討するのです。地域住民が医療機関にどのような期待をしているかという観点も含めた調査が必要です。医療の質とは、技術だけではありません。接遇も総合しての質です。患者の声に耳を傾け、ネガティブな意見を聞き入れることも重要でしょう。

第二には、将来の変化を予測すること。今、各地の公立病院でも再編計画が出ていると思います。医療には急性期もあれば慢性期もある。緩和や予防の医療も存在します。抗がん剤治療も進歩しているため、今後の疾病構造の比重は、がんから生活習慣病のほうに移っていくのではないかとも考えられます。

医療産業もまた、他の産業と同様に顧客満足度が重要です。ニーズを知り、社会環境の変化を捉え、将来を予測しながら自身の立ち位置を考え続けることが、変動の時代を生き抜く術となっていくでしょう。●

VOYAGE TO THE MEDICAL FUTURE WITH
DX AND DIGITAL HEALTH
Chapter 2-3

地域医療を守り抜き、営業収益も向上させた成功事例
地域医療再編統合を成功に導いた要諦

少子高齢化の現況から、地域により再編統合が考慮される病院が存在する。
全国の地域医療を担う日本赤十字社は2022年、広島県三原市において三原赤十字病院と
企業立病院である三菱三原病院の再編統合を実現した。
医師など病院で働くスタッフや地域住民の理解も得られ、医業収益も向上を見せているという。

Photo: Koo Karoji Text: Shun Kato

杉山 達哉
日本赤十字社 医療事業推進本部経営企画部 参事

VOYAGE TO THE MEDICAL FUTURE WITH
DX AND DIGITAL HEALTH

労働人口減少の傍ら いかに地域医療を守るか

—— 2008年に国内人口が減少に転じてから、少子高齢化の影響が全国各地で顕在化しています。全国各地の地域医療を担う日本赤十字社として、この15年で病院の経営環境にどのような変化や影響があったのでしょうか。

コロナ禍も踏まえると一概に言えませんが、大きな傾向としては、やはり人口減少により患者数は徐々に減少していると言えます。コロナ禍以前は大きな変化はなかったものの、2020年以降、入院や外来の患者数は一時的に大幅に減少しました。新型コロナウイルスが5類感染症となった2023年以降もなお、やはり戻ってきていません。その理由は感染リスクから「病院は怖い」という認識になってしまったことや、そもそも不必要な医療受診が存在していた可能性もあります。どの病院も2019年頃の水準に戻そうとは躍起になっていますが、弊社も含めてその水準まではなかなか戻りません。

——コロナ禍以前にはどのような傾向がありましたか?

入院患者については、国の政策などの誘導で在院日数は短縮、延べ患者数が減少していました。ただし新規入院患者数は増えており、やはりわれわれも患者に選んでいただける病院になるための取組みの成果かと考えています。外来の患者は、新規の患者数は増えてきているものの延べ患者数としては減少してきています。入院が増え外来の通院が減る動きは、急性期病院の本来あるべき形とも考えています。外来は地域のかかりつけ医院へ、急性期病院は入院を増やしていくあり方が急性期病院の本来の役割であるためです。

それに伴い、救急車の受入れ件数も増えてきました。どの病院も「救急車を断らない医療」を目指していますので、医師や看護師も含め負担はかかりますが、積極的な受入れにより患者数の確保に取り組んできました。

——地域による違いはありますか。

やはり都市部は病院が多いため、選ばれる病院になるための努力が必要です。対して地方は、「そこにしか病院がない」状況も多くあります。全国の赤十字病院にも経営が厳しく、医療スタッフの確保も困難なところが存在するため、グループ内から医師や助産師を派遣し、地域医療を守る取組みをしています。

——今後15年を、日本赤十字社はどう見ていますか。

今後、間違いなく人口は減少していくでしょう。そう聞くと、多くの方が第一に思い浮かべるのは患者数の減少かもしれません。しかし、われわれが最も懸念するのは労働人口の減少です。厚生労働省のデータを見ると、人口は減っても高齢者人口は増えていくため、医療需要はしばらく伸び続けます。労働者人口が減るスピードのほうが早くなる推計もあります。

もしも労働者人口が減り病院のスタッフが確保できなければ、病院機能は維持できなくなりますし、患者を看護師が看ることもできなくなってしまいます。そうならないためにも、働く人たちにも選んでもらえる病院になる必要があるのです。

再編統合の成否のカギは 双方の職員の融和にある

——地域医療構想の取組みとして、広島県三原市において三原赤十字病院と三菱三原病院の経営統合に取り組まれました。どのような背景があったのでしょうか。

今回、再編統合の対象となったのは三菱重工業株式会社が経営する三菱三原病院と、われわれが経営する三原赤十字病院で、約1.2kmと近い位置に双方の病院がありました。この2施設が属する広島県の尾三医療圏(尾道市、三原市などが含まれる地域圏)は高齢化率も35.6%と非常に高い地域であり、全国と比較して医師数は少ない一方で、人口換算すると医療施設数は多い地域でもあったのです。尾三医療圏全体で急性期病床が756床と、地域医療構想上の急性期病床が過剰となっていました。三原赤十字病院は築11年である一方で、築59年の歴史がある三菱三原病院は建物が老朽化しており再投資が難しい状態でした。そこで2020年から、再編統合協議を開始し、同年に厚生労働省から重点支援区域に選定されました。

―― 再編統合後に目指していたビジョンを教えてください。

統合後の目標として、経営を改善しながら地域医療を維持し続けることを目指しました。診療面のメリットとして、当然ながら2つの医療施設が1つになれば医師数が増えます。三原赤十字病院は医師数を確保しつつ、消化器科領域と整形外科領域の強化、そして高齢化に対応した医療の充実を目指しました。財務面としては、双方で重複する設備関係費を削減しながら、診療面の強化により患者数と手術数を増加していき、診療単価を上げることを目指しました。

三菱三原病院の課題は建物の老朽化、三原赤十字病院の課題は医師不足と経常赤字でした。統合にあたり最大の課題となったのは、異なる大学医局から派遣された医師の調整でした。

統合にあたっては三菱三原病院は閉院。三原赤十字病院の一部を改修し、新たな病院として運営を開始しました。病床数は三菱三原病院が81床、三原赤十字病院が197床。そこから46床減らし、計232床で2022年4月1日に統合運営開始となりました。職員の内訳としては、三菱三原病院から71名に日赤に移籍いただき、311名、21の診療科となりました。

―― 病院の再編統合の手続きは、かなり煩雑であると推測できます。再編統合にあたってどのようなプロセスを踏んだのでしょうか。

まず行政の手続きとして、地域医療構想調整会議という尾三医療圏の

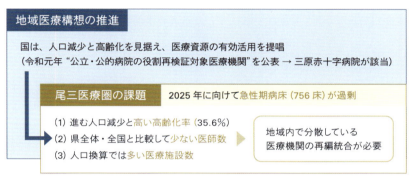

図表1　経営統合の背景

統合の協議は2020年より開始。日本赤十字社の資料をもとに作成

会議、広島県の医療審議会、それから厚生労働省に特例承認を受ける必要があります。統合タスクは多岐にわたりました。内外への説明から各契約の締結、社内手続きに加え、関係部門との交渉、改修工事や職員受入れの準備、入院患者の移送、統合記念碑づくりなどを1年半で完遂しました。

開院に向けた準備では、長期入院している患者については救急車を用いて医療機器を動かしながら一人ひとり移送を行いました。新たな環境整備として、増床工事や双方の医療を強化するために消化器センターを設け、三菱三原病院から引き継いだ歯科口腔外科のために新設工事も行いました。

電子カルテも双方で仕様が異なりましたので、三菱三原病院のカルテ情報をすべて三原赤十字病院側にコンバートする作業も発生しました。三菱三原病院は企業立病院であることから、グループ企業に向けた巡回検診や産業医派遣も行っていました。そこで該当する約100社に向けて、赤十字が引き受ける旨をご説明にあがりました。

―― 地域住民への説明はどのように行ったのでしょうか。

統合の約半年前に広島県、三原市、三原赤十字病院、三菱三原病院の4者で住民説明会を行いました。老朽化などの理由から仕方ないとご理解をいただいたことで、この統合は成功したと思っております。

―― 地域によっては、住民からの理解が得られにくい場合もあると聞きます。今回、理解を得られた要因にはどのようなものが思い当たりますか。

大きな要因として、かなり距離の近い2施設であったことが挙げられます。高齢者は病院があるという理由でその近くに住む方も多いのですが、今回は三菱三原病院が無くなったとしても三原赤十字病院は1〜2kmの距離にあります。加えて、老朽化が進ん

でいたこともあり、住民視点としても「統合はやむをえない」とご理解いただけたのではないかなと思います。

――複数のステークホルダーが存在する中で、コミュニケーションで配慮した点はありましたか？

情報を伝えるタイミングです。混乱や誤解を招かないために、「決まっていない情報は出さない」ことを徹底しました。再編統合の成否を握るのは働く職員同士の融和です。全員が納得できる再編統合は存在しないと私は考えています。必ず反対の声は出てきますので、内容とタイミングの両面で、適切な伝達を行うことが肝になります。

加えて、今回の再編統合を経て身をもって理解したのが、第三者的な仲介者の重要性です。今回は、広島県がM&Aのアドバイザリー事業者を立ててくれたことがとても大きく影響しました。

仲介者を入れないまま進めるケースもあるようですが、当事者だけでは双方が自分の主張だけを言い合うことになってしまいがちなため、再編統合のような煩雑な案件は話が進みにくいのです。地域医療構想しかり、地域医療提供体制の確保は医療法上では都道府県の責任になるため、今回のように広島県が動いてくださったことは非常にありがたいですね。「地域の話は地域で」とする自治体もありますが、そうなるとそれぞれの思惑が絡んでしまい、前に進めなくなってしまいます。

病院完結型から地域完結型の医療へ

――先ほど、三原赤十字病院の課題に経常赤字があったと伺いました。統合にあたって取り組んだ改善施策やその結果はいかがでしたか。

はい。われわれ日本赤十字社では、経営赤字が続くと本部管理病院に指定され、経営改善を行うことが必須となります。当時は91病院のうち6院が選定され、そのうちの1つが三原赤十字病院という状況でした。この統合を機に、本部が主体的に支援して7つの経営改善方策に並行して取組みました。開業医からの時間外入院要請への対応や高齢者救急の受入れ体制強化、連携強化による近隣の総合病院からの転院受入れ、医師事務補助による医師負担の軽減と生産性向上などにより、医業収支の黒字化を目指しました。

統合後の結果としては、3年で入院も外来も大幅に増加しました。統合した年度は一時的な人件費の増加やコロナ禍の影響、設備投資などもあり赤字が膨らみましたが、医業収益は大きく伸びました。人材の補充などの

図表2　関係者間の役割分担

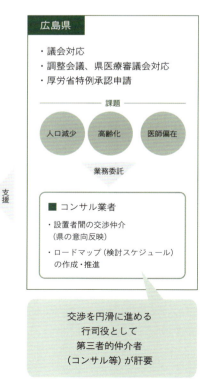

バランスを鑑みていけば、今後、採算も合いさらに改善していくと見ています。

——再編統合を経て離職せずに職員が残り続けていることも、PMIとして1つの成功の証しと言えますね。

そうですね。繰り返しになりますが、やはり再編統合で最も重要なのは職員同士の融和です。お互いをパートナーとして信頼し合い、地域医療のために協力してゆく気持ちがないと、どのような制度をつくろうともうまくいきません。

尾三地域は、非常に温厚な性格の方が多い地域だと感じます。両方の院長先生も人柄が良く、医局は異なっていたものの、地域住民のために自分たちに何ができるのかをつねに考えています。院長職は1人しか置けないため、三菱三原病院の院長先生には三原赤十字病院の院長が引き続き就任することにご理解をいただき、他の医師も三原赤十字病院側に移っていただきました。「三菱三原病院で働いていた職員の雇用を守ること」は、統合の条件でもありました。歯科口腔外科は三原赤十字病院に存在しないため、実は当初、その科の医師は引き継ぐ予定がありませんでした。しかし、三菱三原病院からすべての診療科と職員を引き継ぐことに対し、強いご要望をいただいたため、歯科口腔外科を新設することにしたのです。

——日本赤十字社において、これまでに再編や統合の実績はあるのでしょうか。

PROFILE

杉山 達哉（すぎやま・たつや）

大学卒業後、日本赤十字社に入社。東京都支部救護課に勤務後、本社に異動し、会計、企画広報、東日本大震災復興支援担当を経て、現在の医療事業推進本部で病院営繕や不動産管理を担当。途中、内閣府へ出向し、防災担当として災害救助支援業務に従事。2019年に日赤に復職後、現在の経営企画部で、全国の赤十字病院の再編統合や指定管理などの支援業務を行う。

病院同士の統合は、記録にある中では初めてでした。今回の再編統合に取組み始めた当初はコロナ禍で、東京勤務の私は現地に行けずリモートのみのコミュニケーションでしたし、本当にできるのだろうかという不安は現地にもあったと思います。事務手続きも会計システムも給与制度もすべてが異なるわけですから。その中で自分の処遇がどうなるのか、それも急性期病院ではない職員が急性期病院に来る不安は、推察する限りかなり大きかったのではと思います。

私自身、何をするにも過去事例を参考にできない点には最も苦心しました。今にして思えば、「本社の人間が行けず、現地のスタッフを中心に協議を進めなければならない」状況は、むしろ統合に向けた土壌の醸成にプラスになったのではと考えています。

——統合後、現場からはどのような声が上がっていますか？

もともと三原赤十字病院で働いていた医師の声としては、「医師の増加により当直や待機が減り負担が減った」「もとは非常勤のみだった耳鼻咽喉科や、新設された歯科口腔外科にそれぞれ常勤医が来てくださったので非常に心強い」という声がありました。やはり主流ではない診療科に常勤医が来ていただけたのは大変ありがたく、予防医療の意味でも地方の病院にとっては大きな意義がある変化です。一方で、今まで巡回検診や産業医をあまり行ってこなかった医師からすると、業務負担が増えた面もあるようです。

三菱三原病院側から来た医師からも、急性期病院への異動となるために救急患者対応など業務が増えてご苦労が多い面もあると聞いています。それでも、「長年、三菱三原病院で受け持っていた患者を三原赤十字病院で継続して診られて良かった」という声もありました。患者側からも同様の

VOYAGE TO THE MEDICAL FUTURE WITH
DX AND DIGITAL HEALTH

声をいただいているので、やはり地域医療は「あの先生に診てほしい」という医師と患者が人と人の関係でつながっているのだと感じます。

――医師と患者のつながりを守ることは、地域医療において重要な観点ですね。再編統合のプロセスを振り返るとき、肝となったポイントはどこにありましたか？

　地域を点ではなく面で見る判断です。診療所や薬局、介護施設、老健施設などの関わり方を面で見て、病院完結型ではなく地域完結型の医療をつくっていくことをわれわれも大事にしましたし、これから再編統合を考える方々にもぜひ改めてそのご認識を持っていただければと思います。

　再編統合は良いことばかりではありません。とりわけ地域住民にとっては、1つの病院がなくなることは間違いなく不便をもたらします。地域によっては、反対の声がとても多く連日電話や投書が続くケースもあります。

　だからこそ、地域住民の方に、再編統合がない場合に将来起こる環境変化を具体的にイメージしていただく必要があります。病院の経営状態は全国的に厳しく、7割は赤字とも言われています。現状維持では、将来的に同じ環境が維持できないと理解いただくために、丁寧で論理的な説明と客観的な情報提供を行うことが肝要です。

――これから再編統合の対象となりうる病院に勤めていらっしゃる方に、ど

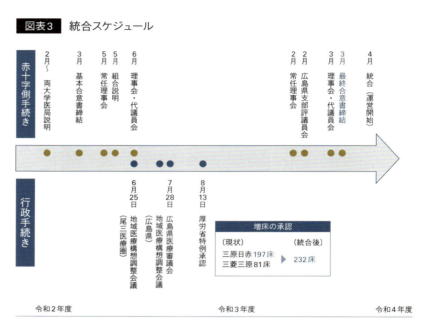

統合スケジュール。多岐にわたる交渉は予定どおりには進まない。何よりもスケジュール管理が重要となるようだ。

のようなメッセージを伝えたいですか。

　再編統合は1つの手法でしかなく、その後に地域医療がどう変わっていくのかを念頭に置く必要があります。「これしかできない」という考えでは絶対にうまくいきません。

　われわれが最も重要と考えるのは、地域医療を崩さずに持続可能な医療提供体制を構築することです。もちろん、各運営主体や現場の方も大切ではありますが、地域医療を守るのが日本赤十字社の役割であり、地域から求められていることでもあります。どうすれば地域医療が崩壊せずに、その地域にある病院の人材、設備、資金などの資源を、最適な形で再構築できるかという視点が重要だと考えています。

　今後、日本の人口が減少していくことは確実です。持続可能性を考えるにあたっては、高齢者人口や全体の人口がどのように動くのか、地域医療の資源がどれくらいあるのか、患者の受療動向として、流出が多いのか流入が多いのか、などを分析して適切な構築を行うべきなのです。

　「よいものにしよう」という思いも重要ですが、医療機能を過剰に想定しすぎると、建物は大きくなり、投資回収が困難になってしまいます。地域医療を守ることを第一に、点ではなく面で見ながら、その病院が目指すべき方向を判断することが重要であると思います。

VOYAGE TO THE MEDICAL FUTURE WITH
DX AND DIGITAL HEALTH
Chapter 2-4

今こそ医療機関の機能強化を
合併・譲渡が
成せる存続の戦略

日本病院会、全日本病院協会、日本医療法人協会が行った2024年度「病院経営定期調査（中間報告）」によれば、医業利益が赤字化している病院は7割を超えているという。
なぜ医療産業は赤字化しやすいのか。承継や統合、再建を検討すべき時期とは。
川原経営グループに存続戦略の要を聞いた。

Photo: Takashi Yamade   Text: Shun Kato

川原 丈貴 | 赤羽根 信廣

川原経営グループ 代表 | 川原経営グループ 開業承継支援部 担当部長

VOYAGE TO THE MEDICAL FUTURE WITH
DX AND DIGITAL HEALTH

■ コスト高が利益圧迫 資金確保の3つの柱

——病院経営が赤字に陥りやすい医療産業の構造の特徴や要因を教えてください。

川原 まず、2024年時点の赤字になりやすい要因として、コロナ禍からの受療行動の変容が大きく影響していると考えられます。診療所のほうは患者が戻っている一方で、病院にはなかなか戻ってきていません。外来と入院で比較すると、日本病院会、全日本病院協会、日本医療法人協会の病院経営定期調査によれば、外来は戻ってきているものの入院がほとんど戻ってきていません。

関連して、新型コロナウイルス感染症対策用品や衛生管理用品のコスト負担も少なからず存在します。医療産業だけに限らないものの、諸経費に関係する物価高騰の影響も見逃せません。病院の場合には、照明を24時間使用することも多いため、GX（Green Transformation）に取り組む必要もあります。将来を見据えて医療のDXやセキュリティー対策を進めていくことも重要ですが、これにも初期投資が発生します。効率性が向上するまでには費用も時間も要するので、それを見込んだ戦略が必要になるでしょう。

そして、人件費の負担です。働き方改革などにより、医師や看護師、作業療法士や理学療法士の労働環境や報酬制度の改善が行われています。一人あたりの労働時間の減少に伴い新たな人材確保が必要となりますが、それが困難なため紹介業者へ支払うコストも増大しています。

なおかつ、令和6年の診療報酬改定では、医療従事者の賃上げとして令和6年度に+2.5%、令和7年度には+2.0%のベースアップの実現が目標となっています。これほどの賃上げは医療機関にとって大きな負担となります。

独立行政法人福祉医療機構の調査データによれば、病院の建築コストも、2014年度以降の10年間で平米単価が1.49倍になっているといいます。新たに開発される医療機器も高額になり、それに伴って消費税も高額になることから、控除対象外消費税の負担も増加します。ご存じのように、社会保険診療は非課税取引のため、医療機関が仕入れの際に支払った消費税を仕入れ税額として控除する仕組みは存在しません。そのために厚生労働省が定める診療報酬や薬価等には医療機関が仕入れ時に負担する消費税が反映されているわけですが、補填されるのはあくまでも診療報酬の上乗せのみです。高額の設備投資をした年度に支払った消費税は医療機関が負担することになります。収入が減少しているにもかかわらず人件費を含めたコストが増大となるわけですから、ただでさえ利益率が1〜2%である病院経営が一段と厳しくなることは明白です。

——新型コロナウイルス感染症の流行の際には補助金制度も存在していましたが、病院経営にはどのような影響を与えていましたか。

川原 コロナ禍には、新型コロナウイルス感染症患者を受入れていた病院には病床確保料などの補助があり、経営危機を持ち堪えた病院も多いと思います。しかし、2023年9月末でこの支援も終了しており、コロナ禍に減少した患者は戻ってきていません。苦境に立たされているという事実は依然として変わらないでしょう。

——利益率が高くない状況であっても、やはりDXのための投資は行うべきなのでしょうか。

川原 経済産業省が2018年に発表したDXレポートによると、DXには既存システムの複雑なブラックボックス化や、現場の抵抗を解消しながらの業務見直しの実行などが課題として挙げられています。これらの課題を克服できない場合、DXが実現できないのみでなく、2025年以降に1年あたり最大12兆円もの経済損失が生じる可能性が指摘されており、これは「2025年の崖」と呼ばれています。DXに対応することでコストは増大してしまいますが、乗り遅れると後々の大きな損失を招いてしまうのです。

——赤字状態を防ぐ、あるいは改善するための方策にはどのようなものがありますか。

川原 病院には建物が必要であり、その内部に高額な医療機器などの設備投資を必要とすることを踏まえると、ある意味で箱物産業とも言えるのではないでしょうか。そう考えたとき、

Chapter 2-4　Takeyoshi Kawahara　Nobuhiro Akabane

図表1　アンケート回答による類型化と構成比

(単位:%)

分類	アンケートの回答による定義		2023年調査(n=4465)	2019年調査(n=4759)	2015年調査(n=4104)
決定企業	後継者は決まっている(後継者本人も承諾している)		10.5	12.5	12.4
未定企業(事業承継の意向はあるが、後継者が決まっていない企業)	後継者は決まっていない	後継者にしたい人はいるが本人が承諾していない	3.3	5.1	3.4
		後継者にしたい人はいるが本人がまだ若い	4.8	4.6	6.0
		後継者の候補が複数おり誰を選ぶかまだ決めかねている	2.9	2.7	3.5
		現在後継者を探している	7.7	7.6	7.7
		その他	1.3	2.0	1.2
			20.0	22.0	21.8
廃業予定企業	自分の代で事業をやめるつもりである		57.4	52.6	50.0
時期尚早企業	自分がまだ若いので今は決める必要がない		12.0	12.9	15.9

資料:日本政策金融公庫総合研究所「中小企業の事業承継に関するインターネット調査(2023年調査)」。なお、比較のため日本政策金融公庫総合研究所「中小企業の事業承継に関するインターネット調査(2019年調査)」、日本政策金融公庫総合研究所「中小企業の事業承継に関するインターネット調査(2015年調査)」の結果を併記する場合は、それぞれ「2023年調査」「2019年調査」「2015年調査」と明記する(以下、断りのない限り同じ)。

(注) 1　ウエイトづけ後の集計結果(以下同じ)。
　　　2　nは回答数(以下同じ)。
　　　3　構成比は四捨五入して表示しているため、合計が100%にならない場合がある(以下同じ)。

図表2　業種(類型別)

(単位:%)

分類	決定企業	未定企業	廃業予定企業	時期尚早企業
建設業(n=404)	14.8	22.0	52.8	10.4
製造業(n=300)	12.2	29.4	47.3	11.1
情報通信業(n=409)	9.3	16.7	59.1	14.9
運輸業(n=116)	25.1	19.2	45.8	9.9
卸売業(n=219)	14.5	22.6	50.8	12.2
小売業(n=477)	9.6	16.4	63.6	10.4
不動産業(n=183)	12.8	27.2	45.3	14.7
物品賃貸業(n=35)	37.7	30.2	32.1	0.0
宿泊業(n=15)	0.0	27.1	70.1	2.9
飲食サービス業(n=179)	10.7	17.3	53.2	18.7
娯楽業(n=51)	11.8	14.0	55.2	19.0
医療、福祉(n=252)	11.7	22.3	56.0	9.9
教育、学習支援業(n=273)	9.9	12.1	62.9	15.0
専門・技術サービス業、学術研究(n=810)	5.4	18.0	67.3	9.3
生活関連サービス業(n=343)	9.3	10.8	65.8	14.0
その他のサービス業(n=340)	8.1	23.3	52.2	16.4
その他(n=59)	1.6	26.3	59.0	13.1
全体(n=4,465)	10.5	20.0	57.4	12.0

(注) 類型別の構成比が「全体」よりも5ポイント以上高い業種に濃い網掛け、5ポイント以上低い業種に薄い網掛けを行った。

> 医療・福祉業の後継者の決定状況は11.7%にとどまっており、廃業予定は56%と半数以上にのぼる。

全業種合算のアンケート回答による類型化と構成比(参照:日本政策金融公庫総合研究所「中小企業の事業承継に関するインターネット調査(2023年)」)

病院としては設備投資のための借り入れを返済する資金確保をいかに行うかが非常に重要になります。

資金確保にあたっては3つの柱があります。1つ目は、診療報酬や介護報酬です。医療機関にとっては収入の大きなウエイトを占めるため、外部環境の変化に伴う政策の先読みがきわめて重要になるでしょう。次に、2つ目は、補助金の活用です。特に民間病院においては補助金の活用頻度が低い傾向にありますので、地域医療介護総合確保基金や経済産業省が提供するIT導入補助金など、使える補助金を活用していくことが有効な手段となります。そして3つ目が税制の活用です。社会・特定医療法人制度による法人税の軽減措置などに加え、近年では賃上げ促進税制も存在します。しかし、医療領域ならではの税制に知見のない税理士の場合、これらの制度を適用しないまま本来なら避けられる税負担を負ってしまう可能性もありますので、税制を十分に活用できているかを改めて確認することをお勧めします。

存続に向けた整備は必須　検討開始は早いほどよい

——病院の承継や統合、再建を考えるとき、さまざまな選択肢が存在します。こうした新たな事業展開は、どのような段階で考えるべきなのでしょうか。

赤羽根　経営者のご年齢や健康状態、あるいはご家族の状況などによって検討するタイミングは人それぞれだと思いますが、早いほうがよいことには違いありません。

VOYAGE TO THE MEDICAL FUTURE WITH
DX AND DIGITAL HEALTH

図表3 承継プランの選択肢（n＝1088、複数回答）

	親族への承継	62.0%
	閉院	43.9%
	親族以外の第三者個人への承継	38.2%
	他の医療機関などへの事業承継（事業売却・M&A）	22.2%

日本医師会総合政策研究機構による日本医師会 医業承継実態調査：医療機関経営者向け調査より（2020年1月）

図表4 承継プランの選択肢（クロス集計）

		全体	親族への承継	親族以外の第三者個人への承継	他の医療機関等への事業承継（事業売却・M&A）	閉院
	全体	1088 / 100.0	675 / 62.0	416 / 38.2	242 / 22.2	478 / 43.9
年齢階層別	40歳未満	22 / 100.0	16 / 72.7	10 / 45.5	5 / 22.7	6 / 27.3
	40-49歳	116 / 100.0	88 / ▲75.9	54 / ∴46.6	34 / ∴29.3	63 / △54.3
	50-59歳	325 / 100.0	201 / 61.8	137 / 42.2	82 / 25.2	169 / ▲52.0
	60-69歳	365 / 100.0	209 / ▽57.3	148 / 40.5	77 / 21.1	156 / 42.7
	70-79歳	198 / 100.0	116 / 58.6	57 / ▼28.8	37 / 18.7	66 / ▼33.3
	80歳以上	62 / 100.0	45 / 72.6	10 / ∴16.1	7 / ▽11.3	18 / ▽29.0
性別	男性	984 / 100.0	609 / 61.9	383 / 38.9	227 / ∴23.1	425 / 43.2
	女性	104 / 100.0	66 / 63.5	33 / 31.7	15 / ∴14.4	53 / 51.0
所在地別（8地方区分別）	北海道	35 / 100.0	17 / 48.6	19 / ∴54.3	14 / △40.0	14 / 40.0
	東北	66 / 100.0	37 / 56.1	16 / ▽24.2	5 / ▼7.6	26 / 39.4
	関東	334 / 100.0	194 / ∴58.1	135 / 40.4	87 / ∴26.0	152 / 45.5
	中部	170 / 100.0	109 / 64.1	63 / 37.1	33 / 19.4	81 / 47.6
	近畿	199 / 100.0	125 / 62.8	80 / 40.2	41 / 20.6	86 / 43.2
	中国	77 / 100.0	52 / 67.5	27 / 35.1	16 / 20.8	37 / 48.1
	四国	43 / 100.0	26 / 60.5	12 / 27.9	9 / 20.9	19 / 44.2
	九州沖縄	164 / 100.0	115 / △70.1	64 / 39.0	37 / 22.6	63 / 38.4
医療機関の種別	病院	109 / 100.0	88 / ▲80.7	34 / 31.2	23 / 21.1	8 / ▼7.3
	有床診	121 / 100.0	78 / 64.5	37 / ▽30.6	28 / 23.1	47 / 38.8
	無床診	858 / 100.0	509 / ▼59.3	345 / △40.2	191 / 22.3	423 / △49.3
医療機関の開設主体別	個人	517 / 100.0	293 / ▼56.7	194 / 37.5	102 / ∴19.7	290 / ▲56.1
	一人医師医療法人	403 / 100.0	259 / 64.3	158 / 39.2	95 / 23.6	163 / ∴40.4
	医療法人	160 / 100.0	120 / ▲75.0	58 / 36.3	45 / ∴28.1	25 / ▼15.6
	公益法人・会社・その他	8 / 100.0	3 / 37.5	6 / 75.0	0 / 0.0	0 / 0.0

▲有意水準1%で高　△有意水準5%で高　∴有意水準10%で高　▼有意水準1%で低　▽有意水準5%で低　∵有意水準10%で低

承継プランの選択肢として、親族への承継（62.0％）の次に多いのが閉院（43.9％）となっている。病院では「閉院」を選択肢にしている割合が低く（7.3％）、無床診療所では「閉院」を選択肢にしている割合が高かった（49.3％）。

参照：日本医師会総合政策研究機構 2020年「医業承継実態調査」

承継を考え始めるとき、その候補となる順序はまず親族内承継です。それが難しく親族外承継となる場合も、医師であることは必須です。可能であればその病院に勤務している医師が継ぐことがベストです。もしも第三者となる場合、お相手探しには時間を要することになるでしょう。

やはり、病院はそれほど高収益の事業ではありません。入院患者さんがいらっしゃるなら、24時間体制で稼働する必要があります。必ずしも、誰もがやりたがる人気事業ではないというのが現実なのです。医師の人数は全国で約34万人いますが、そのうち病院を経営したいと考える人材は限られるはずです。特に都市部以外では、承継相手を探すのに何年もかかるということも珍しくないため、検討を始めるならば早いに越したことはありません。

──いずれの選択肢にも共通する、準備すべきことには何があるでしょうか。

赤羽根 民間の病院は、親族経営が大半だと思います。個人と法人の財務が曖昧になっているケースは少なくないので、明確に分けておくことはいずれにしても重要になるでしょう。

そして経営者の悩みの半分以上は労務の問題ですので、労務管理体制の整備も必要です。近年では雇用契約書の締結など労務関係の手続きを適切に実施する世の中になりつつありますが、病院によっては昔ながらのやり方として契約書の締結を行っていない場合もあります。退職金制度や昇

Chapter 2-4　Takeyoshi Kawahara　Nobuhiro Akabane

給制度、考課制度が整備されていない場合もあるため、そうした労務管理体制も整えておくのがよいでしょう。

建物をメンテナンスしておくことも欠かせません。病院は箱物産業のような面もあるため、建て替えは深刻な問題です。社会的包摂の役割もありますから、建て替えのために休業するわけにもいかず、別の場所に新たに病院を建てて完成後に移転することになります。かなり広い面積が必要となり、特に都市部の場合は場所の確保にも苦労するでしょうし、近年高騰が続いている建築費も大きな負担となります。仮に借金がなくとも、建物のメンテナンスがされていない場合、建て替えも含めた承継となることから負担が重すぎて躊躇されてしまうのです。

制度対応で終わらない 先読みしてこそ経営者

——買い手が見つからず閉院してしまうという例もあるのでしょうか。

赤羽根　私が携わった中ではありませんが、調査する中ではそういった事例も見れます。代表の院長が亡くなられてしまい閉院となり、近隣の病院が患者を引き継いだという例もありました。今後の少子高齢化の進行も踏まえると、このような閉院も増えていってしまうことが想定されます。

——2040年の医療の未来を考えたとき、地方では複数の病院がひとつに承継される可能性もあるのでしょうか。

PROFILE

川原 丈貴（かわはら・たけよし）

（公認会計士・税理士・行政書士）
1968年生まれ。監査法人トーマツ勤務を経て、1998年4月川原税務会計事務所・株式会社川原経営総合センター入社。厚生労働省医療法人の事業展開等に関する検討会委員、厚生労働省 中央社会保険医療協議会診療報酬調査専門組織（医療機関における消費税負担に関する分科会）委員、公益社団法人日本医業経営コンサルタント協会 会長など、多くの公職を務める。

赤羽根　人口減少に伴い高齢者の数も減少することが考えられるため、患者自体が減り統合されていくことも大いにありえます。結論としては、行政が動かないと難しいでしょう。病院よりも診療所のほうが圧倒的に多いわけですが、首都圏であれば承継先は比較的すぐ見つかります。少し都心から外れた地域になると、何年経っても見つからないこともある。医師は都会志向が強いのです。どれほど収益が良くとも、首都圏以外であれば親族以外の後継者を見つけることは難航するはずです。だからこそ、行政が動くことが必然になってくるのです。

川原　複数の病院の承継や統合を考える場合、完全な経営統合のほか、事業連携や地域医療連携推進法人など、さまざまなやり方が存在します。今後の生き残りを考え、なおかつ地域の中で必要な医療を残すためには、使える制度は使いながら入口と出口の戦略を立てることが必須です。

人口が減少する中では、その地域で大きな病院が必要なのか問われるかもしれません。今後、病床縮小のような圧力も増えてくると考えられます。2040年に向けた地域医療構想がどうなるかを注視しながらも、補助金制度も利用しながら対応していくことが、病院が生き残れる方策として重要になっていくでしょう。

——産業セクターを問わず、承継や統合後には非常に難しいプロセスとしてPMI (Post Merger Integration)が存在します。医療産業においてはどのような課題があるのでしょうか。

赤羽根　引き継いだ後、経営が変わったことで収益に対する見方も厳しくなりますし、やり方が変わることで職員が離れていってしまうという事例は多くあります。M&Aの場合、通常1年から2年ぐらいは従業員は全員、引継ぎおよび経済条件の不利益変更はしないことが必須条件にはなります

special issue No.15 Think! | 75

VOYAGE TO THE MEDICAL FUTURE WITH
DX AND DIGITAL HEALTH

が、それにもかかわらず、半年後には大半が入れ替わっているということも頻繁に見受けられます。何十年もかけて培った独自のやり方が変わるわけですから、その影響はやはり大きいのです。

―― PMIに向けた対応策としてどのような準備が有効でしょうか。

赤羽根 自分自身だけで考えることには限界がありますので、適切なアドバイザーを見つけておくことは重要です。当然ながら秘密裏に進めることは必須であるので、誰にでも相談するというわけにはいきません。可能であればご自身の人間関係の中で、より深く信頼できる人を見つけて、一般的な病院と比べてどこが欠けているかなどを相談しながら準備を進めることが肝要です。

近年では、この種のM&A専門業者が増えており、各病院に日々M&Aのお誘いのダイレクトメールが届いている状況です。文面は「こういう医療承継に関心はないか」や「具体的に買いたがっている病院がある」という内容が多く、なかには悪質な業者も存在するため、見極めが非常に難しいのが現状です。

―― 相談先を選ぶ際のポイントはありますか。

赤羽根 弊社の顧客に向けては、われわれの税務顧問の担当者にまずはご相談くださいとお伝えしています。そうでない場合は、口が堅くて信頼のおける、事業承継に精通した人物を見つけるしかありません。地方銀行などに相談することも有効かもしれませんが、担当者が本当に信頼のおける人物であるか、見極めることがやはり重要です。「ここだけの話」という枕詞で噂が広まってしまう事例もよく耳にします。

―― 病院が新たな事業展開を考えるとき、立案する際の肝は何になるのでしょうか。

川原 立案する際の重要な視座となる点からお話ししましょう。医療経営学の権威である田中滋先生曰く、リーダーには4パターンがあるそうです。まず1つ目は、他人のせいにする人。思考停止してしまっているタイプです。2つ目は受け身の人で、実務を担当するタイプ。3つ目が将来を読む人で、これができてはじめて経営者となるわけです。そして4つ目が将来を先取りする先導者。田中先生の講演では、「先導者は難しいにしても、最低でも経営者になってください」というメッセージが語られており、私はこの考えに感銘を受け、そして共感もしています。

すなわち、診療報酬や介護報酬などの制度変更を受け身で捉えるのではなく、それなら2040年はどうなっているのだろう、と先読みすることが重要なカギとなるのです。特に医療や介護は、報酬が公定価格である以上、それに伴って対応が発生することは必然です。しかし対応だけで終わるのではなく、先を読む先導者にまでなれば、今度はそこにまた診療報酬のような制度や仕組みの変更自

PROFILE

赤羽根 信廣（あかばね・のぶひろ）

開業承継支援部 担当部長。公益社団法人日本医業経営コンサルタント協会認定登録医業経営コンサルタント（登録番号第8231号）。国内大手証券会社、外資系証券会社にて約20年間、国内富裕層、金融法人および事業法人向け営業担当。2003年より、M&A専業ファームにて病院、調剤薬局、ヘルスケア業界を中心に案件開発・M&Aアドバイザリー業務を担当。2011年9月より現職。

体がついてくることになるのです。

例えば高齢者救急は、さまざまな疾患を抱えることも多く受入れ側も大変です。それでも今後、高齢者人口割合が増加することが明らかならば、受入れるためにどのような体制を構築すべきかを先読みしていくべきです。救急診療が終わった後の生活や在宅ケアまで含めて考えていくこともできるでしょう。新たな事業展開を検討し立案するうえでは、こういった視座を持つことが成功を左右する要素となるのです。

Chapter

3

医療のDX：
未来を拓くテクノロジーと
イノベーション

AI、IoT、ロボット……日進月歩するテクノロジーは、
医療の未来を大きく変えようとしている。
最先端技術とイノベーションがもたらす可能性を探り、
DXが切り拓く未来の医療の姿を描く。

デジタルヘルス先進国に学ぶ最新事例

医療データ標準化がもたらす
ヘルスケア産業の新時代

健康保険証がマイナンバーカードを基本とする仕組みへと移行し、
ヘルスケア産業には一刻も早いDXが期待されている。電子カルテの標準化や仮想病院の開設など、
医療のDXが進む先駆者の諸国に学ぶべく、海外デジタルヘルス動向に精通する
株式会社日本政策投資銀行 産業調査部産業調査ソリューション室 副調査役 植村佳代氏に、
各国の最新事例と再現のヒントを聞いた。

Photo: Kimihiro Terao   Text: Shun Kato

植村 佳代

株式会社日本政策投資銀行
産業調査部 産業調査ソリューション室 副調査役

世界で統合される産業領域 日本のDXはなぜ出遅れた？

——世界各国でデジタルヘルス活用が進んでいます。医療のDXが進んだ未来の日本では、どのようなデジタルヘルスが実現するのでしょうか。

まず日本の制度として、現時点では医療保険と介護保険が分かれており、予防はその範疇に入っていません。しかし世界では「予防・医療・介護」がヘルスケアであると語られていることが多くあり、日本もゆくゆくは同様になっていくと考えられます。

これまでの日本の医療受診は、患者自ら病院に赴く対面診療が一般的です。しかし医療のDX実現後は、いつでもどこでも24時間アクセスできる

ようなデジタルの医療サービスが追加されていくのではと考えております。こうした話題について、一般的には「物理的な対面診療をオンライン診療に置き換える」という想像がされやすいかもしれません。ところが、実際の世界の事例を見ると、医療機関のような物理的な場所と並行して、新たなデジタルのフレームワークを活用したサービスも構築したうえで、それらを統合していく医療のDXが進んできています。

——その場合、一般生活者の視点ではどのような変化があるのでしょうか。

今後、「予防・医療・介護」の観点でヘルスケア領域が統合されていき、PHR（Personal Health Record）のような、個人の保健医療データを活用

した新しいヘルスケアサービスが出てくるのではないでしょうか。現在、ウェアラブルデバイスの普及などで日常生活のデジタル化が進み、健康に関するデータ取得が容易になってきました。それらのデータとAI判定などを組み合わせることで、病院に行くよりも前に症状変化を感知することも可能です。それにより医療領域が日常生活の場に拡大し、24時間どこでも医療や介護のケアが受けられるように変容していくのではと考えています。

その変化が地域ごとになるか、あるいは全国的に同時進行となるかはまだわかりません。例えば地方で過疎化が始まり、病院経営が難しくなり物理的に存在できなくなった場合は、遠隔からオンラインで接続したり、逆に

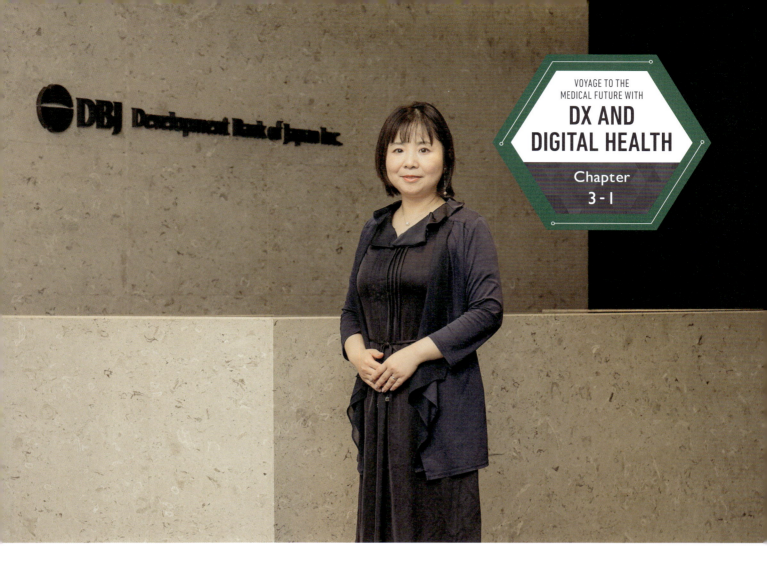

VOYAGE TO THE MEDICAL FUTURE WITH
DX AND DIGITAL HEALTH
Chapter 3-1

都市部は高齢者人口が増えていますので、施設に入れず在宅へ届けていく仕組みも必要になると考えられます。

――医療の運営側はどのように変わっていくのでしょうか。

海外の事例を見ますと、医療従事者と患者の両方の負担を軽減するスマート病棟やスマートICUのスマートオペ室、ペーパーレス化で医療従事者の事務負担を軽減するスマートケアなど、管理業務のデジタル化を進めている印象があります。

日本では人口減少が進み、医療機関においても人手不足が深刻になってきています。労働人口が限られる中で、まずは管理業務のデジタル化から進めていき、そこに臨床の医療データを統合していくことで、少しずつデジタル化を進めていく形になるのではないでしょうか。

――現在、日本でもマイナンバーカードの活用などによるデジタル化の推進が行われています。医療のDXにおける現状の課題と今後の展望を教えてください。

日本は、OECD加盟国の中でも診療所の電子カルテ導入率が低いです。日本の病院では電子カルテの情報が病院ごとに独自形式でつくられてきたため、逆に標準化が難しいという状況が起こっています。日本の医療サービスの質はもともと他国より高いこともあり、DXを行う必要性がそれほどなかったとも考えられます。

政府でも健康・医療戦略推進本部を立ち上げて、デジタルプラットフォームをどう構築していくかを模索しています。例えば日本の事例を見ると、国家戦略特区では民間企業がプラットフォームを構築する場合も見られますが、海外ではその役割を国が担う傾向にあり、電子カルテの情報形式や情報連携の方式などの指定をトップダウンで進めています。

世界では、情報を標準化し透明性を高めるほうにシフトしてきています。他国ではPHRがあるために、他の医療機関でかかった情報にも担当医師がアクセスでき、患者自身も自分のデータは自分が所有しているという感覚があることから、予防にも意識を高く持てます。

VOYAGE TO THE MEDICAL FUTURE WITH
DX AND DIGITAL HEALTH

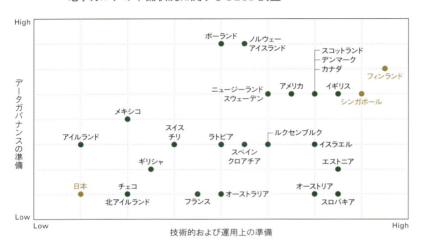

図表1 医療情報の活用および研究利用への電子カルテの準備状況に関するOECD調査

医療情報の活用と電子カルテ準備状況に関するOECD調査。日本は電子カルテ標準化の遅れにより、データの二次利用や共通利用においても後れをとっている。

先進国も一度はDXに頓挫 事例に見る標準化の要

── 情報の標準化や透明化に関して、海外ではどのような事例がありますか?

シンガポールでは、予防医療の国家的な施策として「Healthier SG」という、生涯的なかかりつけ医を登録する制度が始まっています。40歳から登録でき、定期的な診察を受けることで健康維持と予防のサポートを受けることができます。情報の透明化が図られることで医療従事者間での情報共有ができると同時に、患者もその情報を見ることができるという施策で、DXにより医療のあり方が変わっていく過渡期にある事例と言えます。

── 他国では、どのように標準化が行われているのでしょうか。

例えばシンガポールであれば、国のほうで示したデータ形式を国に関連した機関から導入してグループとし、後にそのグループを超えて統合を進めていくという段階的な標準化が行われています。日本でも、医療情報交換のための実装しやすい標準規格としてHL7FHIR（Fast Healthcare Interoperability Resource）のような規格での統一が検討されています。ただ、日本の場合はITの投資を誰が行うのかが、難しい課題として存在しています。

シンガポールでは、国による規格化の場合には国がIT投資を行っており、台湾では逆に医療機関がIT投資を行っています。日本もIT投資を行うための解を見つける必要があります。また、人材面の課題も否めません。海外の病院では、医療機関の中に専門のIT部隊が存在しています。日本が今の世界標準に合わせていこうとすると、病院内での足並みをそろえる必要があり、医療従事者のITリテラシー向上も課題となっていくでしょう。

── 医療というデリケートな個人情報が共有されることについて、懸念の声などはないのでしょうか。

シンガポールや台湾、ヨーロッパのフィンランド、オランダの事例を見てきた中では、どの国もそのセキュリティーの問題点は挙がっていました。ただ、どの国ももともと国民IDを持っているため、日本よりは最初の一歩の抵抗感が少ない傾向にあります。

実はオランダに至っては、一度頓挫もしています。そのときには、民間の保険会社が情報連携の必要性を喚起し国策を引き継いだ結果、医療情報の連携ができるようになりました。この事例について補足しますと、まずオランダの保険制度は日本と異なります。国の保険制度を民間の各保険会社がカスタマイズし、さまざまなサービスを上乗せして提供しており、国民も毎年どの保険会社と契約するかを選べる仕組みになっています。この仕組みを主に大手の保険会社4社が担っていることから、民間ではあるもののオランダ国内において発言力が強いという背景があります。

シンガポールはもともと国への信頼が高いため、自分の医療情報がストッ

クされている状況も気楽に受け止めている印象があります。台湾では、健康保険IDが免許証IDと国民IDと同一になっており、健康保険のIDカードが一枚あればどの医療機関でも受診ができます。日本のように、病院ごとの診察券は不要です。日本のマイナンバーカードでは紛失やセキュリティーリスクの懸念の声もありますが、台湾では「全員が所有するカードであるから、盗まれることはない」という感覚で、特に懸念にはなっていないようです。

――医療データの管理はどのように行われていますか？

管理方法として、データ共有を全員が承諾する前提のオプトイン方式と拒否が可能なオプトアウト方式の2種類が存在しますが、医療従事者であってもデータへのアクセスは必ず患者からの同意を得る必要があります。

台湾では国民IDのICチップに保存される直近の医療データにパスワードがかかっており、医師がアクセスしたいときには、国民IDカードと、医師であることを証明するIDカード、所属する病院のIDカードの3つを専用端末にセットして初めてデータが閲覧できるというセキュリティー整備が進んでいます。

フィンランドは国のほうですべてのデータをストックしており、オランダやシンガポールでは各医療機関でそれぞれの医療情報がストックされています。いずれも、必要な情報だけを中央のプラットフォームで閲覧・交換を行う仕組みになっています。シンガポールの場合は、医療機関では詳細な電子カルテを、国では要点をまとめた概

図表2 シンガポールの健康・医療・介護情報プラットフォーム

シンガポール政府が構築したハイブリッド方式の健康・医療・介護情報プラットフォーム。高度な集中医療記録システムである次世代電子医療カルテ（NGEMR）の導入により、入院から退院、外来予約といった経過に関わる医療と管理の両データを記録し、医療従事者が最新情報に迅速にアクセスできる。

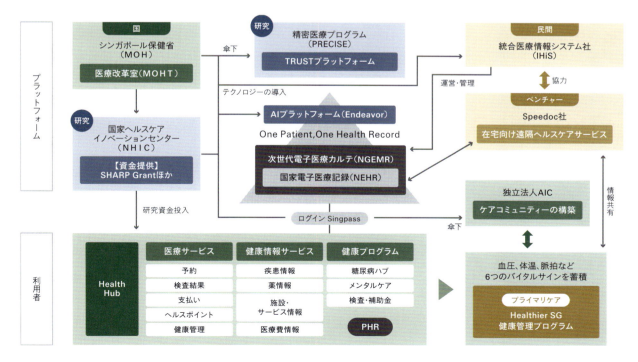

VOYAGE TO THE MEDICAL FUTURE WITH
DX AND DIGITAL HEALTH

要版を所有するという仕組みになっています。

日本においては、必ずしも電子カルテを全部統一する必要はなく、国際標準規格への対応を医療機関でも進めながら、医療機関間のデータが共有できるインターフェースの構築を行うことができれば、必要なデータ連携が可能になるのではないでしょうか。

データ管理に関するそのほかの大きな動きとして、2024年3月にはEU域内に医療データの単一市場を設置する医療データ空間法案が合意に達しました。EUのデジタル医療データの世界標準となる共通基盤をつくる取組みで、これが形になれば、EU市民は域内の27ヵ国で自らの医療データを取り出しての受診が可能になります。医療ツーリズムのようにこれだけ人が移動する現代においては世界標準が必要になるだろうという試みです。患者の医療データが一次データとして蓄積されていけば、政策立案や研究開発のために匿名化した二次利用も可能になり、新たな医療サービスの開発も進みます。日本もビッグデータを活用できる環境をつくり世界標準に合わせていかなければ、新たなヘルスケア産業に乗り遅れてしまいかねません。

内部のIT人材育成必至 今できる第一歩は

――日本の医療機関においてIT人材はアウトソーシングの傾向にありますが、やはり病院内部にもIT人材が必要となってくるのでしょうか。

はい、内部でもITリテラシーの高い方を育てる必要があります。どのようなデータがどのように運用されているのかは内部の方が最も精通しているはずなので、内部のIT人材がベンダーと共に変革していくことが肝要です。その際には専門の部隊が丁寧にグループ内を回って、手取り足取り浸透させていくことも欠かせません。アメリカでも、システム切替の際は現場浸透に最も苦労したと聞いています。

医療従事者のITリテラシーの重要性は、事例からも見て取れます。アメリカでは、数百名の医師や看護師が働いているにもかかわらず、患者が訪れない仮想病院の建物があります。専門的な医療や在宅モニタリングのようなリモート診療を提供するため、施設内には交通管制センターのような大きなモニターがあり、各医療職のスタッフがPCに向かって指示出しを行うという光景が広がっています。DtoD（Doctor to Doctor）やDtoP（Doctor to Patient）など、その形態はさまざまです。台湾でもコロナ禍に、24時

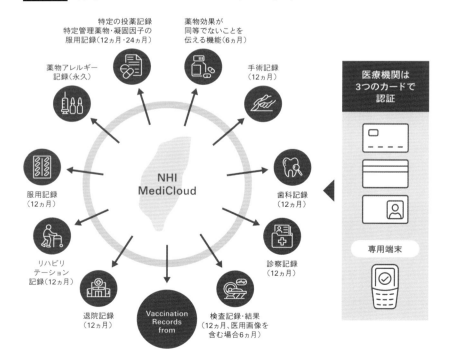

図表3 台湾のNHI MediCloudシステム（2015年～）

台湾で2015年に稼働開始した、医療機関の情報を各領域で収集する全民健康保険情報システム「NHI MediCloudシステム」。医療従事者は、異なる医療機関の過去の患者記録（投薬、手術、検査、薬物アレルギーなど）をリアルタイムで照会可能。

Chapter 3-1 | Kayo Uemura

PROFILE

植村 佳代（うえむら・かよ）

株式会社日本政策投資銀行 産業調査部 産業調査ソリューション室 副調査役。1999年、日本開発銀行（現日本政策投資銀行）入行。2007年より産業調査部にて、エネルギー／ヘルスケア分野を担当。14年より業務企画部においてイノベーション関連業務に携わり、充電インフラ（電気・水素）などの新規事業立ち上げや、ヘルスケア分野におけるテクノロジー活用案件に取り組む。18年より厚生労働省老健局参与（介護ロボット担当）。20年5月より現職。現在はヘルスケア業界を担当。

間、即時に遠隔医療サービスを患者に提供するテレヘルスセンターが開業となりました。予防から健康をサポートするリモート医療や、過疎地に専門医がいない場合に専門医とオンラインで接続し、VRゴーグルのようにすべての情報がリアルに届く環境で、DtoDで指示を出して処置をする仕組みが構築されています。医師が現場で動き回るだけではない働き方が出てきていますね。

　また、中国では人口に対して医療機関が少ないことから国策として「インターネット＋医療健康」を掲げています。物理的な病院とインターネット病院の2種類が存在し、例えばA病院が第二拠点としてAインターネット病院を開設し、初診後はそちらでの診察とするなど医療機関の少なさをデジタルで補う工夫がなされています。

—— 各国でさまざまな形で医療のDXが進んでいますが、日本でも再現していくうえで参考としやすいのはどの事例でしょうか。

　日本と相性がよいのは、フィンランドのように国にデータを集中させる形式よりも、各医療機関が電子カルテの詳細な情報を所有する分散型ではないでしょうか。国のほうでは概要版のデータを所有する形にするか、あるいは情報連携できるような仕組みを構築するような形が日本のプラットホームのありようとしては適切に思えます。

—— 各病院で医療のDXに取り組むために、病院経営者はどのようなことを意識しておくべきですか。

　世界標準の流れに医療データの活用があり、日本の少子高齢化と人口減少が進む以上は、やはり医療のDXは必至となります。日本の医療保険制度と介護保険制度はすばらしい仕組みですが、2040年に向けて、同じ質のサービスを受けるためには、現役世代の5人に1人がこのヘルスケア領域に従事しないと成り立ちません。デジタル化の資金源や人員をどう確保するかという課題はありますが、医療のDXにより医療従事者の方が働きやすくなり、利用者側も医療介護費抑制の意識を持てるならば、取組む利点は大いにあります。医療のDXがすぐさまかなわないとしても、診療報酬の枠組み以外の管理業務のデジタル化などできるところから対応を進めていくことが、デジタルヘルスに向けた重要な第一歩となるのではないでしょうか。

医療ITのパイオニアに聞く

医療ITの変遷と
2040年への展望

政府が「2030年までに電子カルテ普及率100%」を目指す一方で、2024年時点の実情は約50%に留まる。
医療のDXを阻む壁とは？　壁の先にはどのような世界が広がっているのか? 1972年に日本で初めて
レセプトコンピューターを開発・発売し、パイオニアとして業界を牽引してきた、
PHCホールディングス株式会社傘下のウィーメックス株式会社 代表取締役社長 高橋秀明氏に、
医療ITの変遷と現状、そして2040年に向けた展望を聞いた。

Photo: Takashi Yamade　Text: Shun Kato

高橋 秀明

ウィーメックス株式会社 代表取締役社長

医療IT市場の変遷 1999-2024

——貴社は1969年に創業し、1972年に国内で初めて医事コンピューター（レセプトコンピューター）を開発・発売しました。創業からこれまでの歩み、そして日本の医療IT市場の変遷をどのように捉えていますか?

　当社は創業以来、一貫して医療機関のIT化を支援してきました。日本の医療現場に初めてレセプトコンピューターを持ち込み、医療現場の業務効率化に貢献してきた自負があります。

　政府が徐々に医療のIT化を進める中で、いくつかの節目がありました。まずは、レセプトの電子化、次にカルテの電子化、そして最近では、医療DXの一環として、電子処方箋やマイナンバーカードのオンライン資格確認の普及を進めています。

　当社は、こうした節目が訪れるごとに、必要とされる製品・サービスを提供してきました。直近の医療DX関連では、2024年3月にウィーメックスとウィーメックス ヘルスケアシステムズの両社累計でオンライン資格確認の導入件数が5万件（運用を開始した医療機関・薬局の約24%に相当）を突破し、同年8月には電子処方箋の導入件数が1万件（同約35%に相当）を達成しました。

　このように、政府が進める医療のIT化とともに成長する中で、当社は医療従事者や医療事務に携わる方々が置き去りにされず、医療現場の方々にメリットを感じていただけるようなサポートを提供できるよう、取組んできました。

——日本の医療業界に電子カルテが登場したのは、1999年のことでした。これをきっかけに医療のIT化が急速に進むことが期待されましたが、2024年時点、電子カルテの普及率は約50%に留まっています。医療業界でITの普及が遅れる要因や課題はどのようなところにあるのでしょうか?

　局所的な電子化は進みつつも、データの連携が進みにくいことが課題だと思います。

　政府主導の医療のIT化を振り返ると、2001年頃から、地域医療情報を

共有するための「地域医療情報連携ネットワーク」の構築が進められてきました。2009年には、都道府県の地域医療再生計画に基づく事業を支援するための「地域医療再生基金」が設けられ、3100億円もの予算が投じられました。その際、比較的規模の大きい病院と診療所との間で患者のデータを共有し、治療から予後までを一気通貫で継続的に診られる仕組み「病診連携」が推し進められました。

しかしながら、当時はまだマイナンバー制度もなく、患者情報の突合（名寄せ）に膨大なコストがかかりました。「医療情報の共有プラットフォームをつくる」という本質的な取組みに費用と時間をかけられないまま、名寄せという課題に直面したのです。

また、病診連携をオンラインで実施しようとすると、サーバーが必要になります。システム運用を誰が担い、財政支援がなくなる3年後、5年後に費用負担をどうするのか……そんな課題が山積しており、「病診連携」は思うように進みませんでした。医療現場でも、「必要なのはわかるけれど、現実的にデジタル化は難しい」という状況が続いていました。

——とはいえ、コロナ禍を機に、日本の医療業界にもデジタル化への意識の変化が見られたのではないでしょうか。

コロナ禍で患者数を効率的に把握する必要性に迫られたことや、遠隔診断・診療のニーズが生じてきたことから、医療現場でもデジタル化に対する意識は高まったと感じています。

また、名寄せに関してはマイナンバーカードの登場によってオンライン資格確認や地域医療情報連携ネットワークを活用することで、一定の情報連携や統合管理が可能になりましたし、患者のデータを利活用するためのインフラとなる全国医療情報プラットフォーム構築については、政府が主導するという方針が固まっています。ここに来てようやく、インフラが整備される道筋が見えてきました。

——政府が医療DXを推し進める一方で、病院や診療所の経営者からは「診療報酬が上がらない中、膨大なコストがかかるデジタル化は現実的

VOYAGE TO THE MEDICAL FUTURE WITH
DX AND DIGITAL HEALTH

ではない」という声も聞かれます。

そもそも、日本の現行の診療報酬制度ではまかないきれないほど医療費が増加している現状があります。そして、データの利活用の遅れこそが、医療費が膨らみ続ける要因の1つになっているともいえます。

データが利活用されず、異なる医療機関同士の連携ができていないために、重複診療・重複服薬等が発生して医療費を圧迫しているわけです。これに対して、処方箋の電子化が進めば、医師と薬剤師のコミュニケーションが改善しますし、服薬履歴も追えるようになります。政府が医療DXを推し進める背景には、しっかりとガバナンスを効かせて医療費を削減したいというねらいがあるのだと思います。

また、日本の診療報酬制度では、受診しさえすればそこに診療報酬が発生する仕組みになっています。一方、ヨーロッパの医療報酬制度では、治療の効果が出ている患者に対して医療費をかける仕組みが、ある程度できあがっています。

例えば、睡眠時無呼吸症候群の患者は夜間にマスクを装着して治療するのですが、日本ではマスクの使用実態にかかわらず、3ヵ月に1回受診すればそこに診療報酬が発生します。しかし、ヨーロッパでもお隣の韓国でも、しっかりとマスクを使って治療していることが確認できなければ、医療費は支払われない仕組みになっています。在宅医療の分野では、特にその傾向が強い。処方された薬をしっかりと服用し、治療が進んでいる患者に対して、医療費が充てられる仕組みができています。

これはなかなか難しいテーマであり、いろいろな考え方がありますが、医療費の管理という意味ではデジタル化したほうが効率的であることは明らかです。また、エビデンスに基づき治療を効率化するならば、患者の医療情報がデータ化され、共有されなくてはなりません。医療機関のIT化やDXに補助金が充てられることで、医療費の増加を多少なりとも抑えられるのではないかと期待しています。

標準化の最適解を探る

——医療のDXを進めるには、医療機関ごとに異なるシステムやデータ形

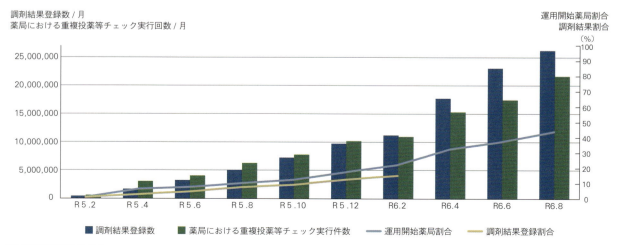

図表1　薬局における電子処方箋の利用

厚生労働省 医薬局総務課で作成
(注) 調剤結果登録割合は、電子処方箋管理サービスに登録された調剤結果登録数から、調剤医薬費の動向調査（厚生労働省）における処方箋枚数（全数）で除したもの。
引用元：厚生労働省 第3回電子処方箋推進会議 資料1を加工

式を統一し、相互に連携できるようにする必要があります。システムを提供するベンダーとしての立ち位置から、国ないし社会全体に寄与するシステムやデータの標準化をどのように捉えていますか?

医療のDXの目的は、デジタル技術を活用して医療の質を向上させ、持続可能な医療体制を実現することです。そのためには、患者のデータがシームレスに流れることが大切です。データが可視化され、一次活用、二次活用がスムーズにできるようになる状態が理想です。われわれも、その世界観をつくるために貢献したい。そのための標準化は重要ですし、政府が定める標準に準拠してものづくりをしていきたいと考えています。

一方で、必要以上の標準化は、医療現場の方々の使い勝手を損なったり、かえって効率化を阻害したりしてしまうおそれがあります。例えば、病名や用語、データ様式、情報共有に不可欠なシステム同士の親和性を担保する規格などは、標準化すべきです。しかしながら、画面の見やすさや操作性を向上するためのUI、UXまで標準化するとなると、これは過度な標準化といえるでしょう。

現場の意見を丁寧に聞き取りながら、最適なバランスで標準化することが求められます。

——たしかに、実際にシステムを使う医師や医療事務担当者が「使いにくい」と感じるようでは、本来の目的である業務効率化は促せません。なかには、紙からデジタルへと移行すること自体に抵抗感を覚える方もいらっしゃるのではないでしょうか。

カルテ1つとっても、いまだに紙を好まれる先生方が多い印象です。まして、オンライン資格確認や電子処方箋を導入しようというモチベーションは、より低い。新たな機械を導入し、仕組みを変えるとなると、その手間やコストを上回るほどのメリットを感じない限り、「何のために入れるのかわからない。今でも十分うまく回っている」と思われても不思議ではありません。

そんな思いを抱かれている先生方に「便利になった」と実感いただけるよう、さまざまな仕掛けや仕組みをつくり提供していくことが、われわれの仕事です。例えば、オンライン資格確認を導入すればマイナンバーカードだけで患者情報を読み取れますし、その情報をカルテに連携すれば、患者のIDを再度入力しなくても医師や医療事務担当者が患者の情報を見ることができます。生成AIの技術を使えば、さらに利便性が向上するでしょう。

現場の困りごとや煩わしさを軽減しながら、少しでもメリットを感じていただけるようなシステムを提供できればと考えています。

重要なのは目的の明確化

——医療を取り巻く環境は目まぐるしく変化しており、行政による医療DX推進も本格化しています。今後、政府主導の医療DXとどのように向き

合っていかれますか?

政府は2030年までに電子カルテ導入率100%の実現を目指しています。そこに向けたタイムラインでは、2025年から2026年にかけて、限定したエリアで、標準型電子カルテα版とレセプトコンピューターを使ったモデル事業が実施される予定です。

先ほど標準化についても触れましたが、効率的にデータが流れていく仕組みをつくるには、業界内で力を合わせて協力すべき点がいくつかあります。システムベンダー各社それぞれ譲れない価値を持ちつつも、「データ利活用によって医療の質を上げていきたい」という思いは共通していると感じています。

当社はこれまで、現場の医師や医療事務担当者の声を拾い上げながら、困りごとを摘み取ってきました。過去のデータを積み上げ、知見と経験値をもとにつくりあげてきた製品・サービスには、その蓄積に基づく付加価

VOYAGE TO THE MEDICAL FUTURE WITH
DX AND DIGITAL HEALTH

値があります。その付加価値はやはり、残していきたい。標準化に向けて協力すべきところは協力しながら、現場の医師や医療事務担当者が置き去りにならない価値を提供していきたいと考えています。

「データ利活用」の中には、患者本人の治療や健康管理などにデータを役立てる「一次利用」と、それ以外の目的にも活用していく「二次利用」があります。そして、一口に「二次利用」といっても、研究を目的としたエビデンスベースドを志向する大学病院の世界観と、例えば「地域における感染症の発生状況を把握するためにデータを使う」というような、診療所が見ている世界観との間には、乖離があります。このため、乖離があることを踏まえてデータ利用の目的を明確化しつつ、両者を結び付けていく必要があると思います。

当社の顧客の多くが、診療所・クリニックを開業している先生方です。地域医療連携、情報共有の先にどのような世界が広がっているのかを共有したうえで、目的を突き詰めておかなくては、何をどこまでやるべきで、なぜそこにコストをかけるのか、なかなか理解されないでしょう。

また、政府が目指している電子化がより進むにつれ、レセプトのアップデートや精度が不十分なシステムでは対応できなくなることが目に見えています。政府から求められるセキュリティーレベルに対応する重要性も、伝えていかなくてはなりません。今後も政府のワーキンググループなどを通して動向や知見をインプットさせていただきながら、より良い仕組みづくりに貢献できればと考えています。

ウェルビーイングを可視化する

——最後に、貴社が描いておられる2040年の社会像と成長戦略をお聞かせください。

2040年の社会は、医療データがきちんと活用され、個々人の心と身体の状態の「見える化」が進んでいる世界になっていると想像しています。病気を治癒するだけでなく、病気になる前の心と身体のウェルビーイングを追求したり、病気発症後の悪化を防ぎながら病気との付き合い方を探ったりできるような世界観です。

当社がレセプトコンピューターを開発・発売してから半世紀が経ちました。レセプトコンピューターは今や、日本の医療現場で標準的な存在となっています。2040年の社会像を見据えて、われわれはいま一度、先駆者になりたいと考えています。

20年後、30年後に現在を振り返ったときに「あのときウィーメックスはもうやっていたね」と言われるような事業を生み出したい。そう考えたときに、「一人ひとりの心身を探求し、誰もが自分らしい幸せを手にできる社会を創

PROFILE

高橋 秀明（たかはし・ひであき）

1996年東京外国語大学外国語学部卒業。1996年住友大阪セメント株式会社入社。2004年日本GE株式会社、2006年日本GEプラスチックス株式会社、2009年GEヘルスケア・ジャパン株式会社ヘルスケアIT事業部を経て、2015年GEヘルスケア・ジャパン株式会社ライフケアソリューション事業本部長に就任。2018年日本エアリキード合同会社在宅医療事業本部長、バイタルエア・ジャパン株式会社代表取締役社長。2022年PHC株式会社メディコム事業部オペレーション部部長、PHCメディコム株式会社常務執行役員。2023年ウィーメックス株式会社ヘルスケアIT事業部事業部長。2024年PHCホールディングス株式会社執行役員、ウィーメックス株式会社代表取締役社長に就任、現在に至る。

Chapter 3-2　　Hideaki Takahashi

図表2　ウィーメックスの貢献領域および提供価値

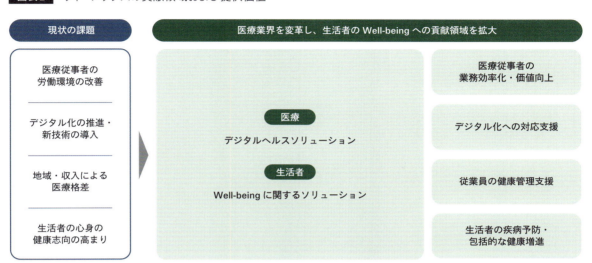

り出す。」というパーパスに立ち返りました。医療データが活用され、「一人ひとりの心と身体の状態」が見えるようになった世界で、ウィーメックス（WEMEX）という社名に込められた「WE（Well-beingの頭文字）」と「ME（Medical＝医療）」を「X（掛け合わせる）」という価値を実現していきたい。そのために、健康領域ウェルネス事業部を中心に、ウェルビーイングにつながる活動を始動しています。

── 具体的には、どのような事業を展開されるのでしょうか？

2023年4月に、当社と同じPHCホールディングス傘下の株式会社LSIメディエンスの健康診断サポート事業を統合しました。健康診断サポート事業とは、いわゆる健康診断の代行ビジネスです。健康保険組合から委託を受けて、健康診断の予約から実施、データ化、報告までの一連の流れを代行しています。

また、メタボリックシンドロームをはじめとする生活習慣病の指導（特定保健指導）を行う事業も展開しています。栄養士を擁する企業と提携して栄養指導や服薬指導を行ったり、生活習慣病と診断された方々が自身の状況を把握し、改善できるような仕組みを提供したりしています。

ウェルビーイングにつながるサービスの開発・提供も行っています。例えば、生活習慣病と診断された方が自身の状態を把握できるようなサービスを提供して、先述の特定保健指導のアウトカムを可視化できるような仕組みをつくりました。また、ストレスチェックができるサービスも提供しています。

これらの活動は、現時点では断片的なものに留まっていますが、今後、パーパスに根差した事業へと成長させるべく、シナジーを出していきたいところです。

当社はこれまで、医療機関や薬局を支える医療情報システムに軸足をおいて事業展開してきました。それらの事業から得られるデータと健康領域ウェルネス事業で得られるデータをしっかりと利活用できるようになれば、「一人ひとりの心身を探求し、誰もが自分らしい幸せを手にできる社会」を実現できるのではないでしょうか。

もっとも、そのような社会像は当社だけで実現できるものではありません。ビジョンを共有できるパートナーと協働しながら、個々のウェルビーイングをデータで可視化できる仕組みをつくっていきたいと考えています。

VOYAGE TO THE MEDICAL FUTURE WITH DX AND DIGITAL HEALTH
Chapter 3-3

病院が患者の元へ行く 迫る遠隔医療の新未来

——医療の地域偏在が進む日本ですが、偏在の軽減のための方策として、高速大容量・低遅延通信技術の貢献が期待されています。株式会社NTTドコモ（以下、ドコモ）の先進技術を活用した取組みにはどのようなものがあるのでしょうか。

堀瀬 ご存じのとおり、5Gには高速・大容量、低遅延、IoTデバイスへの多数接続という3つの特徴があります。ドコモでは2020年3月より5Gサービスを開始し、全国に基地局も展開しています。4Gはコンシューマー向けがメインである一方、5Gはリアルタイムな大容量通信が可能であり、産業界にも活かせるポテンシャルがあります。例えば製造業向けや医療向けのネットワークのカスタマイズなど、機能もアップデートされ、用途に応じて適切なネットワークを使えるようになってきています。その中でわれわれが取り組んでいるのが、医療分野での導入です。5Gがサービス化される前から、総務省の5G総合実証試験の枠組みにおいて、さまざまな自治体と遠隔医療の実証実験を行っていました。

——5Gにより実現する遠隔医療とは何でしょうか。

堀瀬 オンライン診断やオンライン検査など、医師対患者の遠隔診療は4Gでも対応可能な領域です。5Gの活用が期待される支援対象は、遠隔診断・検診、遠隔処置・治療、遠隔手術支援のような医師対医師の遠隔診療です。

まず、遠隔診断や処置とは、患者に診断や簡易的な処置をしている際に、若手の医師だけでは判断が難しい場面でも、処置部の情報を遠隔地の熟練医や専門医に送付し適切な指示を仰ぐことが可能になります。遠隔手術支援も同様に、手術中に熟練医や専門医に指示を仰げます。医療用の高精細な画像や映像でも余裕を持って送信できるのは、5G通信が大容量かつ低遅延であるためです。

より高度な活用となるのが、遠隔ロボット手術に関連する診療です。現場の医師がメインで執刀し、重要な血管周りの処置など、高度なスキルが

Chapter 3-3 | Yuki Horise　Yoshifumi Morihiro

地域偏在を緩和し、命をも救う通信の力

通信がかなえる
遠隔医療

通信技術を活用した遠隔医療の導入が各地で進んでいる。医師と患者をつなぐオンライン診療をはじめ、
国内初の遠隔ロボット手術支援の実証実験にも成功したという。
情報通信技術は医療サービスにいかなる革新をもたらすのか。
株式会社NTTドコモ モバイルイノベーションテック部の森広芳文氏と堀瀬友貴氏に聞いた。

Photo: Kimihiro Terao　Text: Shun Kato

堀瀬 友貴 ｜ 森広 芳文

株式会社 NTT ドコモ
モバイルイノベーションテック部
ソリューション技術担当 担当課長

株式会社 NTT ドコモ
モバイルイノベーションテック部
ソリューション技術担当 担当部長

求められる操作においては遠隔の医師が一時的にロボットを操作して執刀するのが遠隔ロボット手術支援であり、遠隔の医師が中心となり執刀するのが遠隔ロボット手術です。

手術ロボットとしてはアメリカのインテュイティヴ・サージカル社が開発したda Vinci（ダヴィンチ）がよく知られていますが、株式会社メディカロイドが国産の手術支援ロボット「hinotori（ヒノトリ）サージカルロボットシステム」（以下、hinotori）を開発し、国内での導入も進んでいます。hinotoriは2020年8月に製造販売承認を取得し、現時点で60施設に導入され、6000症例以上のロボット手術が実施されています。da Vinciと比べて、hinotoriはヒトの腕に近いコンパクトなアーム設計

で、人間工学的視点によるコックピット設計を特徴としています。

——遠隔手術支援や遠隔ロボット手術は、どのような技術で実現されるのでしょうか。

堀瀬　遠隔手術支援とは、東京女子医科大学で開発され、すでに臨床で活用されている新しい手術室「スマート治療室SCOT」とドコモの5Gを用いて、遠隔地の熟練医と情報を連携させる仕組みです。

SCOTではさまざまな医療機器をネットワークでつなぎ合わせ、レントゲンや手術の様子、脈拍データなどの情報を収集して「戦略デスク」と呼ばれる医療情報統合画面に表示する仕組みです。これまでは手術に関する

情報は手術室にしか存在しませんでしたが、SCOTと戦略デスクの連携により、医局の熟練医と情報を共有することで、手術中の最適な意思決定が可能になります。

現在、SCOTは脳神経外科がメインで利用しており、750症例以上の脳腫瘍や脳血管の手術が行われています。SCOTは女子医大のほか、信州大学と広島大学にも導入されており、整形外科のような他の診療科でも活用が進んでいると聞いています。このSCOTを5Gと組み合わせてモバイル化を推進するのが、モバイルSCOTと呼ばれる取組みです。一方で、ドコモの5Gとhinotoriを組み合わせたのが遠隔ロボット手術支援や遠隔ロボット手術です。例えば、地方の病院で若

VOYAGE TO THE MEDICAL FUTURE WITH
DX AND DIGITAL HEALTH

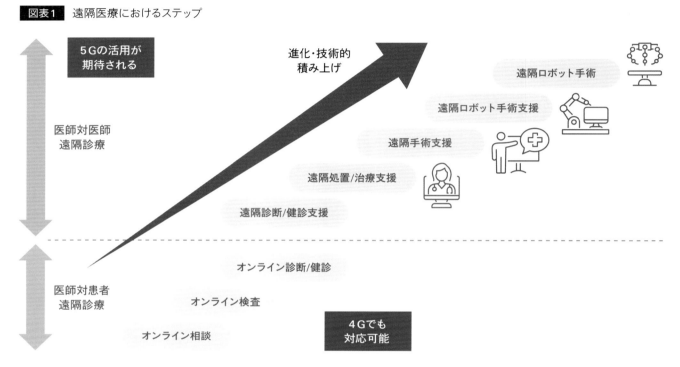

図表1 遠隔医療におけるステップ

5Gが期待される、医師対医師の遠隔診療の領域。遠隔診断・健診の支援に始まり、処置や治療の支援、手術支援と、技術を積み上げ進化していく想定だ。

手医師がロボットの操作をし、都市部にいる熟練医が同じくロボットを操作する遠隔のコックピットで手術を支援するという連携も実現します。ロボット手術のような高度な治療を受けるには都市部の病院に行く必要がありますが、ドコモの5Gと組み合わせることで、地方でも高度な医療を受けられるようになり、若手医師の教育や働き方改革にも貢献します。

—— SCOTがモバイル化することで、どのような変革が期待できるのでしょうか。

堀瀬 熟練医・専門医からの支援を受けられる手術室を搭載した移動型治療室（モバイルSCOT）が患者のもとへ行くことで、地域を問わず高度な診断と治療を提供できるようになります。その際の医療情報も5Gを介してモバイル戦略デスクに伝送し、タブレット上に医療情報統合画面を表示することで戦略デスクがどこでも使用できるようになります。遠隔からの診断・治療の支援のほか、症例の振返りや若手医師の学習などさまざまな用途で活用いただけます。

患者が病院に行くのではなく、病院が患者の元へ行くコンセプトが実現すれば、地域医療格差の解消や医師教育への貢献につながります。社会実装に向けて、2020年に公開実証実験を行い、2023年には災害時を想定した救命救急における実験訓練を行いました。

—— 医療の地域偏在が進むのに際して画期的なソリューションとなりうる技術ですが、日本の社会実装の時期はいつ頃になるのでしょうか。

森広 許認可も含めてクリアし、2030年頃の社会実装を目指していきたいです。車両開発と合わせて、モバイル戦略デスクのアプリケーションの開発も進めているところです。

図表2　モバイルSCOT®のコンセプト

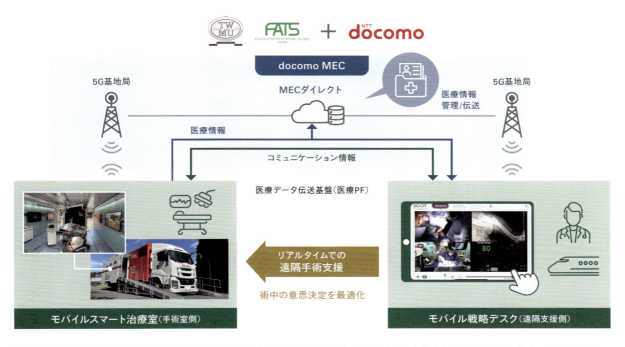

モバイルSCOTによる遠隔手術支援の技術構成。高速大容量・低遅延の通信技術により、術中の意思決定のリアルタイムな最適化を可能にする。

堀瀬　車両自体は平時と有事の両方の活用を想定しており、平時は地方で高齢の歩けない患者の元へ向かい診断や治療をし、有事の際は、被災地での救急処置や病院が地震被害などで使えない場合の代替として使用いただくような活用を考えています。

通信の力が命を救う 有事に備えた技術開発

――2024年6月には、「5G ワイド」を用いた遠隔ロボット手術支援の実証実験にも成功されています。遠隔ロボット手術の仕組みには、どのような通信技術が求められるのでしょうか。

堀瀬　まず、5Gワイドとは無線ネットワークのパケット優先制御機能により、混雑エリアや時間帯においても通信の安定化・速度向上に貢献するサービスです。一般の5G回線では、スムーズにロボットを制御できず、手術映像が乱れるなど、円滑な支援が難しいケースもありました。なぜならば、遠隔ロボット手術では高精細な手術映像などの大容量データを伝送するため、周りのユーザーの影響を受けやすいのです。2024年6月の実証実験では、無線の混雑環境下で若手の医師のロボット手術を熟練医が遠隔で支援することに、国内で初めて成功しました。これまではユーザーの影響の無い比較的理想の環境での検証を行っていましたが、実運用を想定して、無線の混雑環境下を模擬して評価を行いました。5Gワイドを活用することによって、映像も乱れず、ロボットも安定して使えることも確認できました。

――遠隔ロボット手術支援や遠隔ロボット手術の実現に向けては、技術的にはどのような課題があるのでしょうか。

堀瀬　5Gで医療ロボットを遠隔で接

VOYAGE TO THE MEDICAL FUTURE WITH
DX AND DIGITAL HEALTH

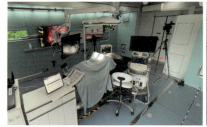
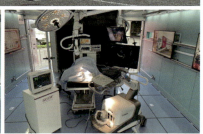

続するために必要なのは、回線の用意だけではありません。無線モバイル通信では、有線通信と異なり遅延の揺らぎが大きく影響してきます。ロボット操作においては制御信号が一定間隔で届いている場合、遅延の揺らぎがあると、その間隔が縮んだり広がったりしてしまいます。例えば、操作しても意図した場所まで届いていない、行き過ぎたなどの問題も出てきます。ドコモ側も遅延ゆらぎを軽減する技術検討を行い、ロボット側でも揺らぎを吸収するような機能を独自開発するなど、ディスカッションと検証を重ねています。

5Gには、4Gと組み合わせた通信方式（NSA）と、5G単体の通信方式（SA）が存在します。5G単体の通信規格であれば遅延揺らぎも抑えられるので、より安定して操作できます。5Gワイドのように優先的にデータを送る仕組みもサービスとして提供が開始されており、こうした技術を活用することで、より安心、安全な社会実装を目指しています。

——モバイルSCOTは有事での利用も想定されていますが、通信混雑や通信設備への物理的な被害がある場合には、どのように対応されていくのでしょうか。

森広 有事の際に、通信路自体が切れてしまうことへの対策は、われわれとは別の部門が対応させていただいております。日本は自然災害が多い国でもありますので、万が一の場合にも早期の復旧が可能になるよう、バックアップ回線を引き、震災で損害が大きい場合には基地局自体が動いて該当エリアをカバーするなど、備えも欠かせません。地上約20キロ上空の成層圏に、通信装置を搭載した無人機を数ヵ月にわたって飛行させる次世代システム「HAPS」で空から通信エリアを構築する検討や、船で海から通信エリアを構築するという取組みも行なっています。通信キャリアとして、インフラが途切れないよう入念な対策を行っています。

医師のニーズに耳傾け 実装の形を共に問う

——社会実装に向けた課題についても教えてください。

森広 遠隔ロボット手術に関連する仕組みを社会実装するためには、ガイドライン策定やパートナーシップの構築などを行ったうえで、承認を受けるための技術面での課題解決や、万が一の想定外の遅延が起きた際にもバックアップやリカバーできる仕組みを構築するなど、安心安全に利用いただけるシステムのつくり込みに注力していきます。現在は実証実験の中で課題を抽出しながら、ブラッシュアップを続けているところです。

堀瀬 社会実装に向けた準備が整った後に、本当に社会に受入れていただけるかは、もう1つの課題でもあります。一般の方にも遠隔手術支援や遠隔ロボット手術について広く認知いただき、遠隔医療が当たり前となる社会をつくっていくことも重要な課題です。

Chapter 3-3　Yuki Horise　Yoshifumi Morihiro

——社会実装に向けて、どのようなロードマップを想定していますか？

堀瀬　遠隔手術支援のモバイル戦略デスクに関しては、まずは実際の患者を対象に有用性を確認していこうと思っています。現在、東京女子医科大学の倫理委員会の審査を進めており、脳外科以外にも整形外科や消化器外科、歯科口腔外科など、さまざまな診療科において臨床研究を行っていく予定です。

　移動型診療車に関しては、まずはロールモデルとしてどこかの自治体と連携して実証実験で成果が得られれば、他の自治体にも広げていくことができると考えられますので、パートナーを探すところが現在の課題です。

森広　パートナー探しにおいては、自治体、そして現場で医療に携わっている方々など各ステークホルダーに向けた有意義な活用場面とメリットの訴求を行っていく所存です。例えば医師は多忙ですので、場合によっては「自分の仕事が増えてしまう」「既存の業務と重複してしまう」という誤解も招きかねません。各ステークホルダーにメリットをご納得いただいたうえで進める必要があると考えています。

——実証実験を重ねる中で、使用した医師からはどのような声がありますか？

堀瀬　複数の診療科で意見をお聞きしたところ、「地域格差への貢献ができてよい」「モバイル戦略デスクによって、若手の医師も安心して治療や診断ができる」という声をいただいています。リアルタイム性に加え、固定費も低いことから、病院の負担が少ないというコメントもいただいています。

——これまでさまざまな実証実験を積み重ねてきた中で、医療サービスへの高速大容量・低遅延通信技術の活用にどのような可能性を感じていますか？

堀瀬　コロナ禍をきっかけにリモート環境が当たり前になり、今後は遠隔医療の取組みがさらに広がっていくと思われます。2040年にもなればさらに普及が進み、病院の概念自体が変わるのではと考えています。「この医療を受けたいからこの病院に行く」ではなく、どこにいても同じ医療を受けられるようになり、日本全体が1つの病院のようにしていけるのではないかと期待しています。

森広　これまで、通信技術は生活の中での人と人とのコミュニケーション手段として利用されるケースが大半でした。ネクストジェネレーションとなる6Gのファーストリリースは、この調子であれば2030年頃には実現する可能性

PROFILE

森広 芳文（もりひろ・よしふみ）

株式会社NTTドコモ モバイルイノベーションテック部 ソリューション技術担当 担当部長 博士（工学）。2001年にNTTドコモへ入社以降、移動通信（3G/4G/5G/6G）における無線リソース制御の開発・研究に従事。現在、同社6Gネットワークイノベーション部にて、次世代移動通信（5G/6G）を活用したユースケースの検討などを担当。

VOYAGE TO THE MEDICAL FUTURE WITH
DX AND DIGITAL HEALTH

が高いです。5Gから6G、そして7Gとなっていく未来においては、人と人だけではなくデータのコミュニケーションも盛んになり、これまでは解決不可能だった社会課題にも貢献していけるのではないかと考えています。

—— 2040年を展望した時に、ドコモが目指す医療のサービス支援の形を教えてください。

堀瀬 まず、2040年には遠隔医療のネットワーク基盤としてドコモの医療用プラットフォームを全国に浸透させ、新しい当たり前をつくっていきたいですね。その頃には、「遠隔医療といえば、ドコモだよね」と言っていただける状態を目指したいです。通信回線だけではなく、クラウドも含めたプラットフォームを皆さんに使っていただくことで、遠隔医療はもちろん、医療以外の分野でもドコモの通信技術を使っていただける未来をつくっていければと思います。

森広 社会実装に向けては、NTTグループだけですべてのアセットを用意するのではなくて、他社のアセットも使わせていただきながら実現を目指していきたいですね。2040年には、頑強で震災などにも耐え、さらに広帯域で低遅延な通信で医療資源の効率化を通信を用いて実現することで、医師の教育や働き方の改善への貢献を目指します。そうして、医師自身がやりたい仕事に注力できる土台を構築することで、よりよい医療のあり方につながっていくのではないかと考えます。

高度な通信技術がもたらす社会への影響として、現時点ですでに、アプリケーションやサービス、あるいはゲームなどで、コンピューティングがエンドではなくネットワークの先で行われている状態が当たり前になりつつあります。2040年には、それがさらに加速しているでしょう。AIもさらに発展普及し、人間がやらなくてよいことを、ネットワーク側のコンピューティングがカバーするような形になってくのではと考えています。

遠隔ロボット手術の社会実装にあたっては、医師の方々と「このような実現方法があるのでは」「この部分は無駄になってしまうのではないか」というように、ディスカッションもしながら共に進めていく形を望んでいます。社会の大きな変革期ですから、医師自身が求めるものでないと、社会実装されることはないであろうとも考えています。われわれとしては、医師とその先の患者も含めて共に模索しながら、よりよい形での社会実装を目指していけることを切に願っています。

PROFILE

堀瀬 友貴（ほりせ・ゆき）

株式会社NTTドコモ モバイルイノベーションテック部 ソリューション技術担当 担当課長 博士（工学）医療情報技師。2014年9月に大阪大学大学院で博士（工学）を取得後、Johns Hopkins大学のポスドクを経て東京女子医科大学の特任助教として医工学研究を行い、手術支援デバイスやがん治療システム、小児患者向けVRシステム等を開発。2020年にNTTドコモへ入社以降、次世代移動通信（5G/6G）を活用した遠隔医療ソリューションの技術開発に従事。

VOYAGE TO THE MEDICAL FUTURE WITH
DX AND DIGITAL HEALTH
Chapter 3-4

DXで覆す医療の常識
生成AIが拓く働き方とヘルスケア改革

政府主導の医療DXが加速し、医療を取り巻くIT環境が変わりゆく中で、病院経営が従来と同じでよいはずがない。働き方改革とよりよい医療へのアップデートをかなえるにはどうすべきか。日本マイクロソフト株式会社 ヘルスケア統括本部 医療・製薬本部長の清水教弘氏に、医療領域の生成AIの最先端事例と、今後目指すべきシステム構築の道筋を聞いた。

Photo: Kimihiro Terao Text: Shun Kato

清水 教弘

日本マイクロソフト株式会社 ヘルスケア統括本部
医療・製薬本部長

VOYAGE TO THE MEDICAL FUTURE WITH
DX AND DIGITAL HEALTH

▌医療を変える新機軸

——医療業界で働き方改革がなかなか進まない理由を、どのようにお考えでしょうか。

2024年4月から進んでいる医師の働き方改革は、年間の時間外労働を960時間以内にするというものですが、日本全国で3分の1以上がオーバーしているのが実態です。

働き方改革の本質は「早く決めて早くやる」であり、非常にシンプルです。しかしなぜそれが実現しないのかといえば、理由は医療現場の特性にあります。全日本病院協会が「病院のあり方に関する報告書（2015-2016年版）」で医療現場の特性を複数項目にまとめていますが、そのうち「患者の状態変化による変更がつねであり、非定型な業務がきわめて多い」「多職種において多部署と組織横断的に行う業務が多い」が大きな要因だと私は考えます。「早く決めて早くやる」を、医療現場の特性が阻害してしまっている状況なのです。

2018年の厚生労働省による調査では、病院勤務医師の長時間労働の主な要因は「緊急対応（80%）」「記録・報告書作成や書類の整理（80%）」「手術や外来対応等の延長（70%）」「他職種・他機関との連絡調整（40%）」「会議・勉強会・研修会などへの参加（30%）」となっています。このうち、書類作成・整理や連絡調整、会議などへの参加はデジタルの力に頼り、オンラインを前提とした働き方の文化を醸成することで時間を短縮でき、医師の本来の業務である緊急対応や手術・外来対応に割ける時間を増やせると考えています。

——医療業界は、他の産業セクターよりもDXが遅れているとも言われています。医療領域における生成AIの活用事例を教えてください。

診療サマリー作成の例からお話ししましょう。看護サマリーや退院サマリーは、いずれも作成に時間を要します。例えば、糖尿病の患者さんのサマリーの作成について「看護記録より看護サマリーを作成してください」とプロンプトで指示したとします。患者の年齢や性別、入退院の日時などの基本情報から、初めの症状と入院中に行った処置、現在の状態と今後の対応や必要な処置まで、必要な情報が構造化されたサマリーが作成されます。現在の法律ではこのサマリーの説明責任は医療者にあり、出力結果は完全な正確性を保証するものではないため、最終的には医療者による確認や修正が必要にはなりますが、大幅な工数削減につながります。

文書形式ではなく、表形式の生成も可能です。例えばヒヤリ・ハット報告のような規定項目別の表移入が必要な場合、電子カルテのデータから、「医療事故情報収集等事業で記載されている各項目を抜き出し表形式のフォーマットで作成してください」とプロンプトで指示することができます。取得した元データはカルテ上に記載された文章形式でしたが、自動で表形式化され、項目別に必要事項がまとめられるようになります。

こうした生成AIは、弊社のクラウドサービスとして、Azure OpenAI Serviceにて提供しているものです。現在、電子カルテのメーカーとも提携を進めており、電子カルテサービスの機能としても搭載されていく予定です。

——こうした活用が広がれば、医療業務のあり方が大幅に変わりますね。

Azure OpenAI Serviceは実環境でもすでに利用されており、例えば愛媛県にある社会医療法人石川記念会HITO病院では、株式会社ソフトウェア・サービスが開発・販売する電子カルテシステムと連携して、症状詳記のドラフトを試みられています。

症状詳記は高額医療の申請などに欠かせない書類ですが、医療者からすれば、手術が終わった後に改めて症状と手術の必要性を資料化するのは非常に大きな手間になります。病院からしても、新たな利益を生むものではないため、効率化のニーズが高い業務のひとつでしょう。症状詳記の対象データとなるのは、会計や医師カルテ、手術記録や投薬など、保険請求点数が高い診療です。

バルク取得する電子カルテとは異なり、必要なデータをさまざまなデータテーブルから取得する必要があるため、処理は複雑になります。しかしHITO病院の場合は、病症ごとにどのデータを参照すればよいかという細かな条件をプロンプト化し、各診療科や各行為別に、ある程度の"例文"

を作成し、それをAIに学習させているのです。2024年7月時点では、院内検証の段階ですが、出来としては約7割と聞いています。

——残りの3割となる、AIが苦手とするのはどのような処理なのでしょうか。

「情報に見当をつける」ことは、やはり機械の苦手な分野です。例えば、医師であれば「この病症においてこの数値が高いのであれば、取得しておきたい」と見当をつける場合でも、AIはプロンプト外でそのような判断をすることはありません。

——書類作成以外の分野ではどのような活用が広がっていくのでしょうか。

最近注目されるのは、単語や文章だけでなくEHR（Electronic Health Record）やPHR（Personal Health Record）まで含めたデータの構造化です。医療データはHL7 FHIR形式での標準化が進んでいますが、例えばスマートフォンに入っている健康データは医療データと同様の標準化構造ではありません。そうした場合、生成AIを用いて医師の診断した電子カルテとスマートフォンに入っている健康データを統合のうえで構造化し、患者情報と観察結果をHL7 FHIR形式に統一して出力することも可能です。

医療画像の所見についても生成AI活用が可能です。例えば肺レントゲン画像に対して、「肺に陰影や不明瞭な部分がある場合、肺炎や腫瘍が考えられる」「胸膜が白く濁っているので水の貯留の可能性があり、胸水の疑いがある」というように、画像診断の所見を出力します。あくまでも予想であ

図表 PHR／健康・医療データを活用した新しいプラットフォーム

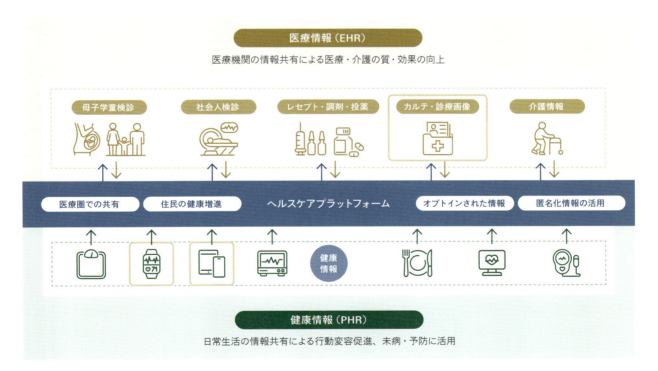

EHRとPHRを連携し、健康増進に活用できるプラットフォームのあり方。実現にはデータの標準化が不可欠だが、あらゆる情報が集約されることであらゆる医療・介護サービスの質向上が見込まれる。

VOYAGE TO THE MEDICAL FUTURE WITH
DX AND DIGITAL HEALTH

るため、細かく医師が診断する必要はあります。ただ、判断の手がかりとなる予想の選択肢が加わることで、利便性が高まるのは間違いありません。

そのほか、院内案内のアバターへの期待の声も多く聞きます。「3号棟へはどう行けばよいですか」と口頭で質問すると、院内情報から生成AIが情報を取得し、アバターが回答するという仕組みです。自動会計機導入の際には、人間が対応すると発生した「客の目を見ていない」というようなクレームが、機械になることで一気に減少するのだそうです。患者や訪問者への対応においても、便利さを向上させながらAIによる効率化が可能になるという好例です。

▌医療特化のAIも登場
安全な環境構築の秘訣は

——Microsoftは医療領域の生成AIの最先端事例を多く有しています。日本におけるAI事業はどのように展開していくのでしょうか。

われわれは大きく3つの領域に投資をしております。画像の認識や自然言語処理など従来のAI、大規模コンピューター処理を実現する量子コンピューティング技術、そして生成AIの領域には、特に大きな投資をしております。アメリカ企業によくある英語やアメリカの法律への最適化ではなく、日本語対応や日本の法律・ガイドラインに準拠している点も特徴です。2024年、岸田前首相の渡米の際には、Microsoftが日本へ、2年間で29億ドル（約4400

億円）の投資を計画していると表明もしました。

われわれの日本での取組みの中でも大きな目玉となるのは、AIの研究者が約8000名在籍するMicrosoft Researchという完全独立の研究機関の拠点を日本に置くことで、2024年11月18日にMicrosoft Research Asia東京の設立を発表させていただきました。企業とともにコンピューター活用の研究を行う世界最大規模の機関であるため、さまざまな産業でご期待いただいています。製薬やヘルスケア領域の方々から特に注目いただくのは、創薬の領域ですね。これまでは開発に15年や20年という期間を要していたところを、AI活用により大幅な短縮が可能になるかもしれません。

—— Microsoft Researchの研究開発の中で、すでに社会実装された事例もあるのでしょうか。

パーキンソン病を患ったロンドン在住のグラフィックデザイナー、エマ・ロートン（Emma Lawton）をMicrosoft Researchが支援した事例があります。身体に振戦（ふるえ）が起きることで知られるパーキンソン病は、治療薬がないと言われていますが、Microsoft Researchは、脳と手首の間の神経を流れるおびただしい信号を打ち消すように振動する、小型モーターを備えたウェアラブルデバイス "Emma Watch" を開発しました。このEmma Watchの着用により、エマは再び絵や字を書くことができるようになったのです。

医療特化のAIモデルを開発した例

もあります。2024年5月に発表した、Microsoft Researchと米医療機関大手のProvidence、米ワシントン大学と共同で開発した「Prov-GigaPath」は、顕微鏡デジタルスキャナーで読み取った超高解像度の病理画像を分析する医療向けAIモデルです。Providence提供による3万人以上の患者の大規模医療データを用いて事前学習を行った、世界初のデジタル病理スライドのための基盤モデルであり、がんの種類や特徴をより正確に見分けることを特徴としています。

——電子カルテなどデリケートな個人情報を扱うことにはなりますが、セキュリティーへの取組みを教えてください。

Microsoftはセキュリティーだけで8500人以上の専門家をグローバルで抱えています。さまざまな製品をリリースしていることから、1日に約65兆のシグナルを解析しており、この規模はおそらく世界トップ3に入るでしょう。

最新データをモニタリングし、マルウェアの状況を監視するサイバークライムセンターは日本を含む世界5都市に拠点を展開しており、サイバー犯罪者に対して法的措置を行うデジタルクライムユニットも有しています。厚生労働省の「医療情報システムの安全管理に関するガイドライン」、そして経済産業省と総務省の「医療情報を取り扱う情報システム・サービスの提供事業者における安全管理ガイドライン」からなる、いわゆる3省2ガイドラインにも対応する環境を構築しているため、

医療情報を安心してクラウドでお使いいただければと思います。

よく「生成AIはうそをつくのでは」「データが流出してしまうのでは」という懸念の声も耳にしますが、われわれが提供する生成AIはデータを利用する顧客自身のデータベースの中に閉じており、帰属権もお客様にあります。つまり、われわれは顧客がつくったデータを閲覧できず、もちろんデータを学習に使わないことも徹底しています。政府が求めるセキュリティー要求を満たしたクラウドサービスにのみ与えられる「ISMAP」についても、Azure OpenAI Serviceは生成AIとして初めて2024年2月に取得し、Microsoft 365 Copilotについても2024年10月に取得しました。われわれのミッションは、われわれ自身が架け橋となり、医療だけじゃなくてさまざまな領域で日本のデジタル社会の実現を支援することなのです。

AIの民主化なるか 未来を拓くデバイス活用

——病院経営者は、今後どのようなシステム構築をしていくべきなのでしょうか。

セキュリティーの観点で「クローズド網が安全だという神話はもう崩れてしまっている」ことはお伝えしておきたいですね。

現在、医療機関における電子カルテシステムは、インターネットアクセスを許さないクローズド網で構築されることが多いかと思います。そのほうが安全で安心だと言われてきたためですが、一方で、近年電子カルテシステムにサイバー攻撃を受けた病院は、クローズド網だからこそセキュリティー対策をしていなかったことに起因しています。また、「電子カルテの端末では電子カルテのみ」「医療事務の端末では医療事務のデータのみ」と分かれてしまっているから、働き方改革が進まないのだとも言えます。

近年、主流になりつつあるセキュリティーモデルは、社内外のネットワークを区別せず、すべてのアクセスを信頼しない「ゼロトラスト」の考え方です。中には、ゼロトラストの考え方を採用する医療機関も増えてきています。

PHSからスマートフォンに切り替わり、電子カルテにアクセス可能なスマートデバイスが普及する中で、クローズド網であることの必然性は無くなりつつあるのが現状です。

——スマートデバイスが電子カルテにアクセス可能になることで、働き方はどのように変わるのでしょうか。

例えば、診察する中で、患者に合併症の疑いがあったとします。すると、医師はその関連情報を病棟に帰ってきてから調べ始めるのが一般的です。ところが、先に事例として紹介したHITO病院では、Apple Watchを使い「この数値が高いために2つの合併症の疑いがある。この合併症に関する参考文献を調べてほしい」と音声で話しかけて指示を出すのです。するとiPhoneにリンクが届くので、病棟に戻

VOYAGE TO THE MEDICAL FUTURE WITH
DX AND DIGITAL HEALTH

PROFILE

清水 教弘（しみず・みちひろ）

社会保障政策や医療政策に関わる社会実験に携わり、現在、マイクロソフトの医療・製薬本部の責任者として、先端技術を活用した医療現場での働き方改革の推進に従事、ヘルスケア領域でのDX化の支援に取り組む。2021年より高知大学医学部非常勤講師、2024年より広島大学医学部客員教授を兼任。

らずともすぐ確認可能になります。

——今後、日本全国の医療のDXはどのように進んでいくと考えられますか。

　厚生労働省で掲げている「医療DX令和ビジョン2030」では、2030年までに全国の医療機関すべてに電子カルテを導入することを目指していますが、2024年秋時点で半分ほどの到達です。全国での普及には、少なくとも2030年までは見てよいでしょう。

——長年、ヘルスケア領域の支援を行ってきたMicrosoftは、近年注目が高まるプレシジョン医療の支援も行っています。個々の患者に最適な医療を提供するプレシジョン医療が実装されると、社会はどのように変わるでしょうか。

　予防が大きなポイントになってくるでしょう。病院にかかると治療になってしまうことから、医療行為は保険の中でしかできません。患者個々に合わせた予防の仕組みをいかに構築できるかが、日本の医療の重要なポイントになると考えられます。

　そして、疾患が非常に複雑になってきている中では、個別化された投薬も必要になってくるでしょう。Microsoftとしては、さまざまな箇所に点在するデータをまとめたプラットフォームとして、例えば自治体と共に高齢者医療の予防に取り組むような貢献の形も可能だと考えています。

——高齢者がピークを迎える2040年、労働者も約1300万人減少すると予測されています。デジタルやAIをどのように活用すれば、ソフトランディングが可能になるのでしょうか。

　われわれがよく使う言葉に「AIの民主化」があります。医療領域において現時点では、特別な病院が特別な申請をして、特別な領域だけAIを使用しています。いつでも誰でもどこでもAIを使う形にならない限り、産業として大きな変化は見込めないでしょう。

　人口減少に伴い地域医療にさまざまな課題が生まれており、政府の医療DXも進んでいます。一方で、技術の進化スピードも上がっていますから、ITのBCPを最新の形で構築することも必須です。標準型電子カルテの導入が進んだ暁には、AIも使えるようになっているでしょう。AIが使える環境と、電子カルテ標準化に代表されるような医療のDX。この2つが2040年に向けたパラダイムシフトのファーストステップになってくると考えています。

VOYAGE TO THE MEDICAL FUTURE WITH
DX AND DIGITAL HEALTH
Chapter 3-5

日本医療に迫る変革の時機
イノベーションが加速するエコシステムのあり方とは

医療の進歩や健康的に生きるというQOLという観点から、ヘルスケアのアプローチも見直されつつある。
少子高齢化やそれに伴う人口減少などの社会課題を前に、
イノベーティブな解決策が必至となった日本では、いかにしてその実現が加速されうるのか。
医療イノベーションの社会実装に豊富な実績と知見をもつ
サナメディ株式会社 代表取締役 内田毅彦氏に聞いた。

Photo: Kimihiro Terao　Text: Shun Kato

内田 毅彦

サナメディ株式会社 代表取締役

VOYAGE TO THE MEDICAL FUTURE WITH
DX AND DIGITAL HEALTH

医療の変革を阻む
失敗を恐れる国民性

——世界のヘルステック市場は、この10年でどのような変遷を経てきているのでしょうか。

そもそも医療機器のテクノロジーについて世界が取組み始めてから、まだ50年ほどしか経過していません。業界の中では欧米が先行しており、日本は後塵を拝している状況です。とりわけ治療機器はかなり後れをとっており、例えば心臓病の治療機器として知られるペースメーカーは、いまだに日本の国産品は1つもない状況です。

産業としても競争力は高くなく、日本で医療機器メーカーとして有名なオリンパス、テルモ、富士フイルム、キヤノンメディカルシステムズ、HOYAなども世界のトップ10には入れていない状況が続いています。国内メーカーが海外生産したものを国内に輸入しているものと勘案しても、創薬にしても、医療機器にしても、かなりの貿易赤字が続いており、外貨が稼げているとは言えない産業です。

古典的な医療機器は、領域ごとに開発がなされ、普及が進んできた背景があります。例えば循環器領域では冠動脈ステントやペースメーカー、整形外科であれば人工関節や骨折治療の装置などが開発され、重要な役割を果たしてきています。ところが最近は、これらの領域ではさまざまな開発が進んだため、画期的な機器が登場しにくくなってきています。医療機器におけるイノベーションは、例え

ばデジタルヘルスやAIなどのその他の新たな領域で増えてきているというのが、この10年の業界トレンドではないかと思います。

——医療機器の市場において、日本はなぜシェアを取れなかったのでしょうか。

元テルモ会長の中尾氏がよくおっしゃいますが、アメリカやヨーロッパのほうが早くから肥満など生活習慣病が問題となり、それに対応するために関連する領域での医療イノベーションに結びついていたのです。医療は必要性が入り口となり発展する面がありますから、ニーズが低い日本はイノベーションが起きにくい環境でした。

加えて、1985年に日米間で行われた市場重視型個別協議（Market-Oriented Sector-Selective talks／通称、MOSS協議）では、自動車を日本から輸出する代わりに、木材、航空機、医療機器や医薬品はアメリカから輸入する流れとなりました。このことからもわかるように、国策としてあまり医療機器に注力してこなかったという要因もあります。もう1つの要因は、特に治療機器において、失敗を極度に恐れる保守的な国民性があります。例えばペースメーカーの開発が技術的には可能であっても、不具合があったときブランドが毀損されてしまう一発アウトなリスクが存在します。リスクが高い医療機器には手を出すべきではない、という空気が産業界にありました。産業は一旦出遅れると、取り返すのは難しいのです。

——日本における医療機器の開発環境は、近年どのような傾向にあるのでしょうか。

2003年に流行した重症急性呼吸器症候群（SARS）のような感染症リスクが世界的な問題となって以来、医療は国の安全保障に関わるものだという理解が進んでいきました。その局面で医薬品や医療機器を海外からの輸入に頼るのはリスクが高いため、自国内で製造する機運がこの20年で高まってきたのです。その頃から医療機器や医薬品のイノベーションの進行を国が積極的に支援するようになり、開発環境は確実に変わってきました。

例えば研究者に予算をつけるだけではなく、研究者とそれを支援する支援機関とセットで予算を持たせるというような、さまざまな継続的な施策が特にこの5年で登場してきています。国としても手探りであった支援策が、挑戦する中で少しずつ具体的になってきた状況だと思います。

加えて、社会システム自体の変化の影響もあるでしょう。終身雇用型の社会ではなくなったことで、スタートアップに挑戦する若者が増えてきていることも、イノベーションの絶対数を押し上げていると言えます。これらの要因から、最近は日本からも新しい医療イノベーションが増えてきているのです。

日本に足りぬ
社会実装の経験値

——医療イノベーションの社会実装の具現化に取り組む、御社の事業に

104　Think! special issue No.15

図表1 種々の産業における年平均成長率予測

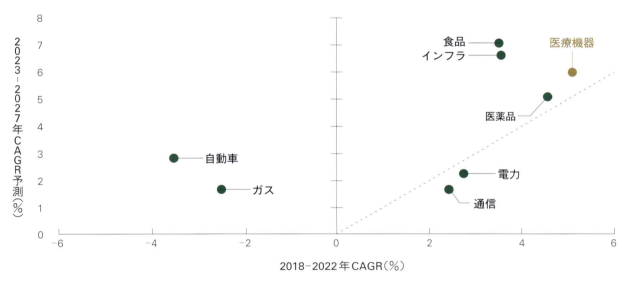

今後5年で、食品やインフラに次ぐ成長率が予測されている。

出典：医療機器産業ビジョン研究会「医療機器産業ビジョン2024」p.3（Fitch Solutions社発行の各業界におけるGlobal market reportより 経済産業省にて作成）

図表2 国内市場における国内製造出荷額と輸入額の推移

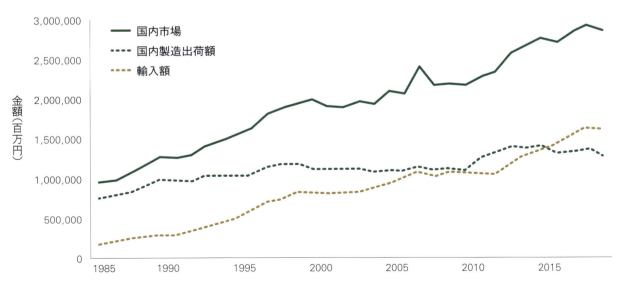

2015年以降、輸入額が国内製造出荷額を上回っている。

出典：医療機器産業ビジョン研究会「医療機器産業ビジョン2024」p.4（薬事工業生産動態統計資料より経済産業省にて作成）

VOYAGE TO THE MEDICAL FUTURE WITH
DX AND DIGITAL HEALTH

——ついて教えてください。

われわれの事業ドメインは、投資事業、研究開発などを行う自社事業、コンサルティングの3つの柱からなります。ワンストップで完結するビジネスモデルであることが特徴で、なぜかと言えば、イノベーションが実現するまでに存在するさまざまな"ゲート"の通過を支援するためです。例えば、品質が良いこと、資金調達ができること、市場で売れること。医療機器や医薬品の場合は、さらに厚生労働省からの承認がとれること、保険償還が認められることが欠かせません。どれだけ優れた技術であっても、どれか1つでも通過できないゲートがあれば、無いも同然なのです。針穴に糸を通すようにすべてのゲートを通過できたとき、やっとイノベーションが生まれます。通過できないゲートを誰かが補う、アメリカのようなエコシステムがない日本では、スタートアップや研究者が単独で完結させることは難しいと考えています。それならば、すべてのゲートで支援できる役割を担おうというのがわれわれのビジネスモデルのコンセプトなのです。

出資と支援は、インキュベーターの重要なミッションです。3つの事業のうち、投資事業ではアーリーステージのリスクマネーはどこからも出資がないことも多いので、われわれが先鞭をつけて出資することがあります。コンサルティング事業では、スタートアップや研究者、大企業など形態を問わずに開発支援を行っています。とりわけ、海外展開に強みがあります。そして、研究者が全員起業することが最適とは限らないため、良いシーズをわれわれが事業化することによって支援を行うのが自社事業です。良いシーズを輩出して研究に専念し続けたい場合でも、われわれが事業化することにより支援できるよう、医療機器の製造販売業も担っているのです。この3つの事業体はあらゆるシーズを支援できる手段をそろえた結果です。

——具体的には、どのような医療機器の開発支援を行っているのでしょうか。

例えば、熊本市のスタートアップである株式会社P・マインドとわれわれが共同開発している世界初の交番磁界照射を用いた非侵襲疼痛治療機器は、世界に例がない技術です。特徴的な複数の周波数からなる磁界を、

PROFILE

内田 毅彦（うちだ・たかひろ）

1994年福島県立医科大学医学部卒業、1996年東京女子医科大学循環器内科入局。榊原記念病院などを経た後に留学、2002年ハーバード公衆衛生大学院修了。2003年医薬品医療機器審査センター（現医薬品医療機器総合機構）、日本医師会治験促進センター、2005年米食品医薬局（FDA）、2007年ボストン・サイエンティフィック社、2010年ハーバード経営大学院（General Management Program）修了。2011年、医療機器開発支援会社としてNecess Medical社（アメリカ カリフォルニア州）設立、2012年9月から現職。

一定のアルゴリズムで皮膚の上から照射することにより、理論上末梢神経を介するすべての疼痛に効果が期待できます。再生医療や脳梗塞に応用が効く可能性もあり、ポテンシャルが大きい技術です。

——2040年を見据えて、御社の果たしていく役割とはどのようなものでしょうか。

現在、2040年の医療に大きく貢献するような新しいサービスやイノベーションが急速に世に出てきています。一方で、古典的な医療は飽和状態にあり、医療のDXも進まず働き方改革などの影響もあり、非効率さは1つの課題となっています。現行の医療制度では、遠隔医療や高齢者問題などすべて網羅する実装は到底実現しえないことは明白です。

われわれの役割は、イノベーションや発明のシーズを、社会実装し具現化することです。イノベーションの定義のひとつは「発明プラス社会実装」であり、実装して価値を提供して初めてイノベーションとなるのです。その実装の経験値が日本は少ないことが課題でもあるので、そこにわれわれの役割はあるだろうと考えています。

医療機器のイノベーションにおいて、必要なプロセスは共通しています。着想から製品の開発、必要があれば規制への対応、そして資本政策や事業計画を経て、販売へも至ります。そのシーズが収益を上げるほど社会から必要とされているのか、開発コンセプトや事業計画が適切に立てられない

とうまくいきません。われわれはその実績も積み重ねてきており、医療界のネットワークも有していることから、大いに貢献できると自負しています。

——投資先ポートフォリオは現段階で12件ありますが、その投資基準を教えてください。

開発コンセプトが正しく、本当に現場で使われるか否かの検証や、社会実装しようとした時に、いくつもあるゲートのうち、どれかを通過できなくなる要因がありそうなのかについて検証の結果、一定の確度が得られることが大きな基準となっています。

エコシステム構築に向け 2040年に必須の"見方"

——日本における医療イノベーションを取り巻く環境は、どのような状態が理想なのでしょうか。

まずは経験者が増えることです。本で学ぶ知識と実業は異なり、実践すれば失敗もします。そこから学ぶ経験値こそが、社会実装の成功確度を上げる最大の肝だと考えています。数が増えない限り、成功も増えません。やはり日本人は真面目で、学習能力が高い。成功事例を参考に、ある程度の雪玉がつくれれば、大きな雪だるまが生まれイノベーションが加速する可能性は高いと思います。

そして、失敗から学んだ人が次に再び挑戦できるようなエコシステムが必要です。日本はアメリカと比較して失敗の寛容性が低すぎます。アメリカ

では、ベンチャーキャピタルが投資先候補のレジュメを見る際に、スタートアップで失敗した経験があるCEOには逆に興味を持つことが多々あります。失敗していたら引いてしまう日本とは真逆なのです。イノベーションは確率論でいえば、失敗する確率のほうが圧倒的に高いので、失敗が次の成功に活かせるシステムが非常に重要だと思います。これには、進めているイノベーションを上手に失敗させるということも含みます。

スタートアップと大企業のオペレーションがまったく違う点も、あまり取り沙汰されていない観点ですね。仕事の粒度が異なるため、大企業が単に社内ベンチャーをつくるだけではうまくいきません。社会が終身雇用型ではなくなったいま、リスキリングも推進されてきていることから、大企業でスタートアップ的なダイナミズムが起こってもよい時代です。スタートアップと大企業の両方を経験する人が増えることで、成功例も増えれば、おのずとダイナミズムは上がってくるはずです。そうした前提から見直され、変わっていくのが理想的なエコシステムと言えるのではないでしょうか。

——医療イノベーションの社会実装がうまくいかない局面では、どのような方策がとられるのでしょうか。

他の産業領域と同様に、なかなか理想どおりには事が進みません。ピボットせずにうまくいくほうがまれです。ピボットが上手にできるところだけが生き残るのだと思います。エコシス

VOYAGE TO THE MEDICAL FUTURE WITH
DX AND DIGITAL HEALTH

テムの観点では、うまくいっていない時こそ支援するという存在がいるかどうかは重要です。支援者によっては、天気の良い日にだけ傘を持ってくる、という場合もありますから。

社会実装にあたっては、実は一人の医師の意見よりもマーケティングの手法のほうが重要なことが多いです。マーケットに受入れられるための方法論を理解しているならば、イノベーションを起こす存在は医療領域の人物ではなくともよいと私は考えます。

—— 2040年に向けて、今のうちから準備をしておいたほうがよいことはありますか？

2040年には、ヘルスケアを取り巻く環境が大きく変わっている可能性があります。例えば国民皆保険制度の本質的な変更があったり、医療機関に対するアクセスの標準が変わったり、軽い病気であれば在宅医療で完結する時代が来る可能性もあるでしょう。医療機器においては、例えば古典的なペースメーカーは保険適応であり、プレミアム機能がついているものは自由診療になる可能性も考えられます。そうなった時に、国民側はプレミアムの医療に対してどこまで準備をするかを、医療機関側は変わりゆく医療供給体制をどう生き抜いていくかをあらかじめ備える必要があります。積極的に効率化につながるような医療のDXを取り入れていくことは欠かせないでしょう。

在宅医療や遠隔医療については、どこから合理的に導入すべきかの議論は今からでもする必要があります。

効率化や遠隔医療をどう認めれば、医療機関の利益を維持したまま働く時間が減らせるのかという、量より質を上げる工夫をしていくべきなのです。

そのように社会構造が変化していった場合、国民のほうが圧倒的に早く変化を受入れると推測できます。花粉症の薬を処方してもらうために医療機関に行き、30分待って1分だけ診察を受けて帰る仕組みは効率的でないと思う人がすでに多いはずです。歯科のように、医療も保険診療と自由診療の2段階にしてもよいのではないでしょうか。今や日本の医療費は約47.3兆円にものぼります。保険の医療費が減った分は、医療の専門性が高い手技料などの点数に割り振ることで、報酬の再配分となり医師にも歓迎されるはずです。

—— 最後に、ヘルスケアのエコシステム醸成に関わる企業と病院経営者にメッセージをお願いします。

イノベーションに対しての理解と"見方"を持っていただきたいですね。日本人は目新しさより見知った信頼性を重視する傾向にあります。ですが、たとえ聞いたことがないブランドであったとしても、「もしかしたら大企業を凌駕する技術なのかもしれない」という見方を持っていただきたいのです。こういった話題について、同意はできても実際のところ医療機関に導入するとなると、リスクを考慮してやはり知名度のあるブランドを選びたくなるのが本音かもしれません。しかし、知名度のないブランドを選び応援することこそが、日本のエコシステム構築の重要な一歩となるのです。

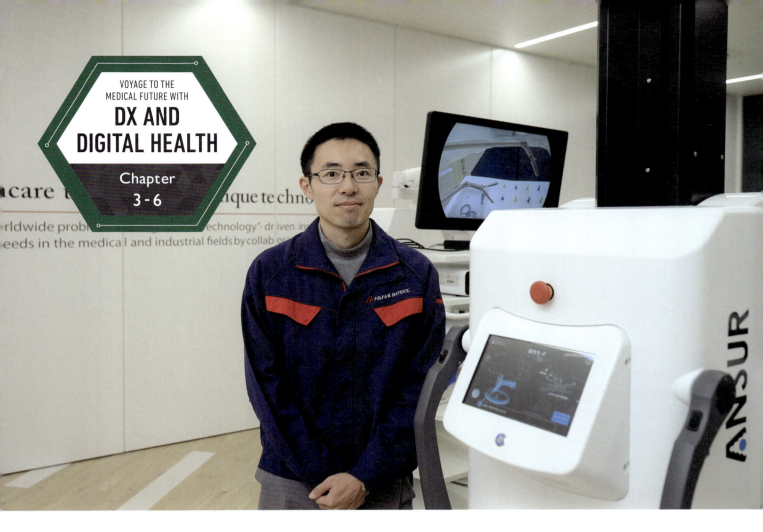

VOYAGE TO THE MEDICAL FUTURE WITH
DX AND DIGITAL HEALTH
Chapter 3-6

"助手ロボット"は手術現場をどう変える

国産手術支援ロボットがもたらすDX革新

2023年、腹腔鏡手術に特化した協働型助手ロボット「ANSUR」が医療機器として承認された。
国立がん研究センター発ベンチャー（当時）によって開発された医療機器の承認取得は初となる。
海外発の医療手術ロボットの導入も進む中、
日本の医療ベンチャーが切り拓くロボット革新の道とは。

Photo: Koo Karoji　Text: Shun Kato

安藤 岳洋

朝日サージカルロボティクス株式会社 取締役

VOYAGE TO THE MEDICAL FUTURE WITH
DX AND DIGITAL HEALTH

■ 腹腔鏡手術に特化
執刀医自ら操作可能

——「ANSUR」とは、どのようなロボットなのでしょうか。

「Another Surgeon（もう一人の外科医）」の略称であり、助手の役割に特化した「協働型助手ロボット」です。腹腔鏡手術において、執刀医が自らロボットを使用したい場面で操ることができ、最大で3本のロボットアームによって安定したスコープの保持と組織の把持を提供します。

通常、手術は約3名の医師で行われます。基本的に執刀医がほぼすべての流れをコントロールし、残りの2名の医師は内視鏡の保持や組織の把持を行う助手の立場であることが多くあります。その助手の立場を担うロボットがANSURなのです。適用範囲としては、食道を除く一般消化器外科、泌尿器科および婦人科の各領域の腹腔鏡手術全般に使用できます。

——アメリカのインテュイティヴ・サージカル社が開発したda Vinci（ダヴィンチ）など、他の医療手術ロボットと異なるのはどのような点ですか？

ダヴィンチ型に代表されるような医療手術ロボットは、一般的には執刀医の右手と左手自体がロボットのアームに置き換わる形で、ロボットを介して執刀する仕様です。一方で、ANSURは執刀医が持つ手術器具にセンサーを取り付けるだけで、執刀医自らがANSURを使いたい場面で自由に操作できます。今まで行ってきた腹腔鏡手術の延長線上で執刀できることは大きな特徴でもあります。

——医療手術ロボットの開発に挑戦した経緯から聞かせてください。

私はアカデミアでは、工学と医学を組み合わせた「医用工学」を専門としていました。そもそも、ベンチャー企業という存在を知ったのは2014年くらいのことです。その頃はアカデミアの人間として生きていこうと考えていたのですが、アカデミアという場は研究を経て論文を発表することがゴールであり、臨床で使えるようになるかどうかの実用化はまた別の問題なのです。ベンチャーに関して学ぶほどに、プロダクトとして実現するためにはベンチャーのほうが適していると考えるようになりました。

その頃、国立がん研究センターの医師から、在籍していた研究室の教授のもとへ「医工を連携させる基盤づくり」の相談がありました。そのきっかけを受けて、医療機関のニーズを知るうちに「それはロボットでしか解決ができないであろう」というアンサーを得て、ロボットの開発に至ったのです。その後にベンチャーキャピタルから声がかかったことで、2015年頃からベンチャーの立ち上げに向けて動いていきました。

——ベンチャーの立ち上げから現在に至るまで、法人としてはどのように変化したのでしょうか。

朝日サージカルロボティクスは、2015年、国立がん研究センターの認定ベンチャーとして設立した

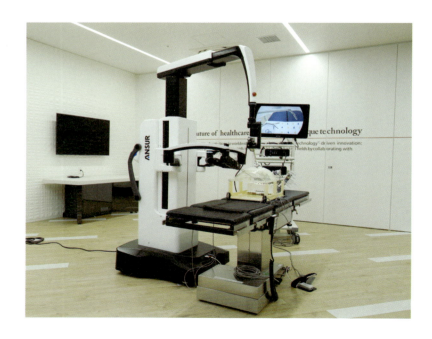

Chapter 3-6　Takehiro Ando

図表　執刀医の役割でなく、助手の役割に特化させたロボット

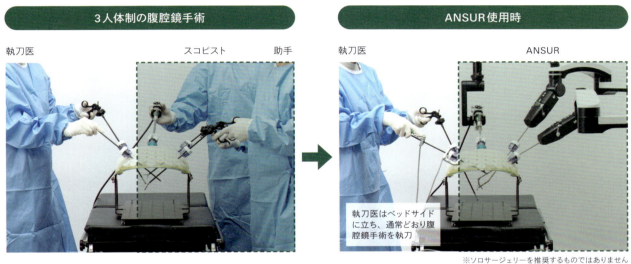

- 執刀医自らが、ロボットを使用したい場面でANSURを操ることが可能
- 最大3本のロボットアームが使用でき、ロボットによるより安定したスコープ保持と組織の把持によって腹腔鏡手術をサポートします

A-Tractionという会社が前身です。私と技術エンジニア、がん研究センターの医師の3名で創業したA-Tractionは、2021年に朝日インテック株式会社の100％子会社となり、商号も朝日サージカルロボティクスに変更しました。

——ロボットの開発に着手し始めた2015年当時の市場状況について教えてください。

国産の手術支援ロボットとして知られる株式会社メディカロイドによる「hinotori」の販売開始が2020年ですので、2015年当時は"ダヴィンチ1強"状態でした。だからこそ、それに類似する、あるいは超えるロボットの開発は現実的でないであろうとも考えていました。アカデミアでは、企業が医療手術ロボットを共同研究や開発する過程も見てはいたので、大変であることは承知のうえでした。それでも、必ずしもダヴィンチと類似する形態がすべてではないであろうとも思っていたのです。そのため、医療現場のニーズに応え、なるべく直接的な競合にならない開発に注力をしていきました。

——具体的にはどのような着眼点をもって開発を進めていったのでしょうか。

ダヴィンチ型のようなリーダーフォロワー型のロボットは、術者が器用に操作することに特化しています。それは確かに1つの解決策でもあり、必要とされるものでもあります。ただし、つねにすべての手術でその形式が求められるかといえば、そうでない場合もあると考えたのです。

そこで、通常の腹腔鏡手術で何が求められているのかというニーズを探りました。その結果として、腹腔鏡手術では局所解剖を目的とする拡大視での視野展開が重要であるため、その段取りをロボットが行うことが効果的ではないかという仮説を立てました。ANSURは、本来は助手が行う内視鏡の保持や組織の把持をロボットアームが行います。機能面だけでなく、「協働者」というコンセプト面でも既存の医療手術ロボットとはアプローチを変えているのです。

VOYAGE TO THE MEDICAL FUTURE WITH
DX AND DIGITAL HEALTH

──「協働者」というコンセプトには、どのように至ったのでしょうか。

　まず、よい手術とは、執刀医となる医師が意図するとおりに執刀できることのはずです。そのために意図をいかに助手に伝えるか、そして助手は意図をいかに実現するかが、それぞれの技量でもあります。そのニーズから考えていったとき、やはり執刀医が意図するとおりに手術を行うためには、執刀医自身が操作することが大きな解決策になりえると考えました。手術の工程を効率化するとともに、執刀医が助手となるロボットを自由自在にコントロールできるようなあり方を考えた結果として、「協働者」というコンセプトになりました。

──ANSURの導入におけるメリットとデメリットについて教えてください。

　メリットは2つあります。1つ目は、ロボットの力を借りて効率化しながらも、手術そのものはロボットを介さずとも人間の手で行えることですね。「何をするにしてもロボットを介する必要がある」というわけではないため、仰々しい操作は不要で、必要なときに操作をするだけなので無駄がありません。

　2つ目は、ANSURでは内視鏡は他社の製品を用いる仕様となっていることです。現在、病院施設にある内視鏡をそのままお使いいただけるので、余計な出費はせずとも、本当に使いたいロボット機能だけをお使いいただくことが可能です。他社の医療手術ロボットの導入コストは安くとも1億円は必要になるかと思いますが、ANSURは半分以下のコストで導入可能です。

　デメリットは、導入後も術式自体は従来と同様であることでしょうか。例えば他の医療手術ロボットにおいては評価が高い、切開部位を針と糸で縫合する運針も、ANSURでは執刀医自身が行う必要があります。

──2024年11月時点の導入実績を教えてください。

　共同開発をした国立がん研究センター東病院のほか、愛知県の名古屋市立大学病院、岐阜県の松波総合病院の3つの施設に導入されています。がん研究センター東病院では、5名の医師で行う手術が、ANSUR導入後は3名で十分に回せているようです。3名で行う手術においても、万が一に備えて助手の医師が待機しているものの、ほぼ執刀医が1名だけで手術が行えていると聞いています。

現場医師の声受け改良　若手医の教育機会も創出

──親会社となる朝日インテックは、研究開発型の医療機器メーカーとして現在世界110を超える国と地域に製品を販売しています。国立がん研究センターの認定ベンチャーとして設立した後、朝日インテックの子会社となるまでの経緯を教えてください。

　もともと朝日インテックは、ANSURのワイヤーの部材の供給を担っていたサプライヤーでした。そこから、鉗子に関するユニット化された部位の全体

を組んでもらえないだろうかという相談を持ちかけたのが2017年くらいのことです。その後、追加の資金調達を考えていた際に、VCのみでなく、CVCなどを行う事業会社まで広げて打診を進めていきました。その中で、朝日インテックも投資をしているという話を聞いたことをきっかけにシリーズCで出資となったのです。2019年のことでした。

われわれは販売ルートにはあまり強くありませんでしたが、朝日インテックは実際に医療機器を販売している企業です。製造のみならず販売まで含めても、大手だからこそ効率的に展開していきやすいであろうとも考えていました。そして2021年、創業した当時のメンバーも含めて正式に朝日インテックに参画することになりました。

—— ANSUR実用化までの道のりで、最も困難だったのはどのような点ですか?

最も難しかったのは、コロナ禍と時期が重なったことによる半導体の不足への対応です。動作や機能への影響はないものの、予定外の設計変更も必要になり、製造時の手順の構築にさらに時間を要することになりました。

自分自身のバックグラウンドとしても、アカデミアの人間であり製造業を経験したことはありませんでした。ロボット製造を自社で永続的に行うつもりはなかったものの、やはり試作や最初の製造は自社で行う必要があります。製造の体制や手順を整えることは、特に販売開始直前には苦労しま

した。開発段階と承認後の出荷に向けた製造段階では必要となるQMS（Quality Management System）は異なります。製造段階ではトレーサビリティーの重要性も高まるため、その体制の構築には時間を要しました。実際に量産に向けた製造は行ったことがなかったので、想像以上に時間がかかったという印象があります。

—— 開発にあたり、現場の医師の声から改良した点もあるのでしょうか。

初期の段階から、どのような手術に対してどのように使うのかを、がん研究センターの医師の声を聞きながら開発していきました。2015年から1年間ほどかけて試作ロボットの開発を進めましたが、その頃から求めている機能や動きは変わっていません。ただし、ロボットそのものの形は当初の試作と比べると、影も形もないくらいに違います。

医師の声から改良していった点も複数あります。例えば、重量は病院施設の床を補強せずとも乗せられるような重さに収めており、大きさも一般的な手術室に無理なく収まるように設計しています。

—— これまで、若手医師が助手を担うことで熟練医師の技能を学ぶ機会もあったのではないかと思います。ANSURの導入により、教育面での影響はあるのでしょうか。

実は腹腔鏡手術では、映像を見て解剖を知ることができるため、現場で見る必要があまりなくなってきている

とも言われています。

もちろん、実際に触れることはその場でしかできませんし、手技の練習も別途で行う必要があります。しかし最終的に目指すのは、助手ではなく術者です。むしろ、ANSURが助手の立場を担うことで、熟練医師が後ろから教えながら若手医師が安全に執刀するという教育機会もかないやすくなります。

手術室から変わる働き方 DXの真の価値

—— ANSURの今後の展望について教えてください。

今の時代は車もロボットも自動で動くことが当たり前になりつつあり、私がアカデミアにいた頃と比べても、ディープラーニングに代表されるような飛躍的な技術の進化が見られます。医療手術ロボットであっても、そこには積極的にチャレンジしていきたいですね。少なくとも、手術室で助手に求められている機能は、ほぼ自動でできるような開発が行えればと思っています。

また、海外販売に向けても電圧や法規制への対応など準備が進行中です。朝日インテックはグローバル企業でもあることから、海外でも売れるポテンシャルを持っていると考えています。

—— 2040年には少子高齢化がピークに達し、産業セクターを問わずDXの必然性が高まっていると予想されます。2040年の未来に向けて、社

VOYAGE TO THE MEDICAL FUTURE WITH
DX AND DIGITAL HEALTH

PROFILE

安藤 岳洋
(あんどう・たけひろ)

2003年、千葉大学工学部電子機械工学科FTコースへ飛び入学。2007年、東京大学大学院工学系研究科に入学、博士号を取得。医学系研究科を経て、工学系研究科で助教を務める。2015年、国立がん研究センター発ベンチャーとなる株式会社A-Tractionを立ち上げ、代表取締役社長に就任。2021年、朝日インテックの子会社となり、社名を朝日サージカルロボティクス株式会社に変更、現在に至る。

会で果たしていきたい役割を教えてください。

2040年の技術進化について身の回りのものから予測すると、車はかなりの自動化がされているでしょう。そこから発想を広げていくと、医療では手術においてANSURのようなロボット装置を使うことは当たり前になってきていると考えられます。15年前の2009年を振り返っても、すでにダヴィンチが日本に入ってきており、手術でも使われていましたからね。

2040年には、医療手術ロボットの普及が進むのは当然ですが、執刀医の手の動きをコピーして代替するのみならず、人間には不可能な機能が充足している可能性も考えられます。昨今も、膀胱がんに対する5-アミノレブリン酸 (5-aminolevulinic acid (5-ALA)) を用いた光線力学診断 (photodynamic diagnosis (PDD)) (ALA-PDD) などが進んでいます。人間では検知できない術前や術中の情報が装置に統合される形が一般的になっているかもしれません。執刀医に万が一、誤った動きがあった場合にアラートを出すというような機能が搭載されている可能性もありますし、ANSURでも、執刀医の意図を汲み取る協調的な動作などが自動化できている可能性もあります。

そのほか、手動を置き換えるだけではない自動化の形も、検討されていくのではないでしょうか。切開部の縫合における、縫い合わせる動作がステープラーで合理的に自動化されたように、「手の動きのコピーではなく、目的の役割を達成するための装置の形態から開発する」ことで、新たなイノベーションが生まれている可能性もあります。

——医療手術ロボットの開発を行う立場から、病院の経営者に向けた2040年を見据えてのメッセージをお願いします。

何事にも言えますが、人間の仕事のうち、機械やシステムに対応できることは置き換えていかないと効率は上がらないままです。DXにはどうしても初期の投資は必要になりますが、スマートフォンへの移り変わりがそうだったように、投じたコスト以上の価値がそこにはあるはずです。

例えばアメリカでは、手術にダヴィンチを導入するならば、1人でもよいから助手を減らして人件費を削減するというように、医療のDXに伴う全体のコスト見直しも進んでいます。医療のDXや医療手術ロボット導入には確かにコストが伴いますが、その分、医師には他の業務ができる機会が生まれてもいます。医療のDXを経営全体のコストの見直しや働き方改革の意味でも捉えていただくことが、病院経営の新しいかたちを築くカギになるかもしれません。

VOYAGE TO THE
MEDICAL FUTURE WITH
**DX AND
DIGITAL HEALTH**

EPILOGUE

「集団天才」で難局を打開し
新価値を創造する

本書で2040年の医療サービスのありたい姿と2025年の現段階における病院経営の未来像をひもといてきた。医療を取り巻く課題は山積しており、従来の延長線上で解決することはもはや不可能であることは再確認できた。しかし、悲観してばかりもいられない。最後に、多くの産業セクターを支援している日本能率協会の見地から、行動指針である「集団天才」という考え方を引き合いに、未来への糸口を探ってみよう。

Photo: Kimihiro Terao　Text: Shun Kato

小宮 太郎

一般社団法人日本能率協会 専務理事

EPILOGUE

勝ち残るキーワード「集団天才」

　少子高齢化、円安、頻発する自然災害、不安定な国際情勢……日本の産業界は今、数多くの課題に直面しています。不確実性の高い時代に、日本の産業界が勝ち残るためのキーワードを挙げるとすると、「DE&I」「DX」「外部連携」「集団天才」の4つが思い浮かびます。

　少子高齢化で生産年齢人口が急激に減少していく中、年齢や性別、国籍を問わず誰もが力を発揮するための「DE&I」は不可欠です。また、人が担う部分とAIに委ねる部分とを層別して仕組み全体を変革する「DX」にも取り組まなくてはなりません。リソースが不足する局面では、「外部連携」が非常に有効な策となります。

　そして、「集団天才」。これは、いわば「集合知」を意味しています。1社では解決できない困難な課題も、多様な個性や能力を持った人々が集まり、知恵を出し合い、力を合わせることで解決できる。さらには、より多くの価値を生み出すことも可能となる。そんな「集団天才」を形成することで、個々の能力の総和を超えた相乗効果を発揮できるのです。

　一般社団法人日本能率協会（以下、JMA）は、1942年に生産能率の増進を図るという目的で、当時の商工大臣・岸信介のあっせんにより発足した日本最古の一般社団法人です。終戦までの3年間は、軍需産業向けのコンサルティングをしており、戦後の復興では日本の産業界の発展に貢献することを使命としてきました。2012年には、当時の会長であった山口範雄が、アジア各国のリーダー、政府機関や経済団体とパートナーシップを結び、世界に対してアクションを起こしていく「アジア共・進化」という概念を提唱しています。

　そんな長い歴史を持つ私たちJMAのDNAには、「イコールパートナー」として、役職の上下関係なく意見を交わし合う文化、そして、互いを尊重し、役職名ではなく「さん」づけで呼び合う「さん」づけ文化が根付いています。これらはまさに、今の時代に必要とされる「集団天才」を実現するうえで、重要な要素の1つとなっています。

観光魅力度No.1の強み 医療で展開する3ステップ

　日本は現在、世界から「観光魅力度No.1」と評価されています。世界の国・地域の中で、日本が最も「訪れたい観光先」とされているのです。その要因を私なりに分析しますと、「交通の便が良い」「安心安全」「清潔である」という3つの要因があると思います。

　これを今回の特集テーマである医療の分野に当てはめてみますと、日本の持つこれらの要素が大きな強みになることに気づかされます。

　まず、「交通の便が良い」とはすなわち、便利な医療へのアクセス手段があるということです。また、ときには命までも危ぶまれる局面で「安心安全」が重要であることは言うまでもありません。そして、医療機関の施設や資材、そこで働く人々の状態が清潔であり、快適な医療を提供できることもまた、大きな魅力といえるでしょう。私は、すでにNo.1と評価されている観光だけでなく、そ

の強みを、未病も含めた医療分野に活かせるポテンシャルがあると考えています。

もっとも、日本の医療業界は、人材不足や物価高騰への対応、医療サービスの地域格差など、いくつもの課題に直面しています。医療のDX化も順調とは言い難い状況です。したがって、まずは日本国内における医療の課題を克服し、整流化を目指すことが第一段階となるでしょう。

3年ほどかけて整流化を実現した後には、観光魅力度No.1のイメージを活かしてインバウンドに訴求する第二段階へと進みます。すでに海外の富裕層の間で「日本で人間ドックを受けたい」「高度医療を受けたい」といった需要は高まっています。日本国内の医療提供体制が整いさえすれば、未病・医療をインバウンドにとって魅力的に映る新たな産業として打ち出せるでしょう。

最後の第三段階は、アウトバウンドで海外展開する段階です。先ほどの「集団天才」は、この第三段階で効果を発揮します。海外へと進出するには、個社の力では不十分であり、未病・医療の産業クラスターをつくる必要があります。医療機器や診断機器を提供するメーカーだけでなく、病院建設を手がけるゼネコン、厨房設備その他の施設、システム関連の企業など、さまざまな機能を担う複数の企業がかたまりになってつながり合うプラットフォームが求められるのです。

日本は、他国に比べて極端に少子高齢化が進んでいる課題先進国です。いち早く課題解決に乗り出した経験と実績の集合知を形成できる機会に恵まれているのですから、未病・医療産業を確立し、海外展開しない手はありません。

社会課題を軸に集う 場づくり

私たちJMAは現在、「スマートライフ＋（プラス）」の名のもとに、医療サービスの変革を促し、健康長寿社会の具現化を目指しています。具体的には、セミナー・展示会などを通じて、ゼネコン、医療機器メーカー、IT企業、医薬品メーカー、介護事業者など、さまざまな企業・団体を集め、未病・産業クラスターを形成したいと考えております。

医療分野は、多種に及ぶ法規制があり、複雑な構造を抱えています。だからこそ、中立・公平なJMAのような立場の者が、産業全体を俯瞰し、調整しなくてはならない。そんな使命感のもと、取り組んでおります。2025年2月には、東京都内のホテルにおいて、医療・未病分野に特化した展示会「スマートライフ＋サミット2025」を開催します。この展示会を皮切りに、取組みを加速させていきたい。

「集団天才」を実現するには、まさしく展示会のような場での対話が、最も効果的です。対話の価値を最大化するためには、もちろんオンラインの場やAI、デジタルも活用しますし、管理業務や間接業務においてはデジタル化を推し進めなくてはなりません。しかし、私たちJMAがデジタル活用ないしDXを推進する目的は、あくまで未病・産業クラスターを形成することにあります。

展示会場では、ふだんは利害が対立する競合の企業が一堂に会し、共通の社会課題を軸に解決策を提示します。来場者側も、共通の社会課題に関心のある企業であり、解決策を求めてその場に集います。ときには、出展者側の企業同士がタッグを組むこともあるでしょう。私たちが主催する展示会は「競争と協調」が通底する場なのです。そしてそこから、「集団天才」が生まれます。

JMAは1960年、「プラントメンテナンスショー」というBtoBの展示会を初めて開催しました。現在は、年間30〜35本ほどのBtoB展示会を全国各地で開催しています。展示会のテーマは、社会課題ごとにさまざまです。観光産業向けの展示会「国際ホテル・レストランショー」も、アジアへのゲートウェイとなることを掲げ、50年以上前にスタートして以来、2025年2月で53回目を迎えます。ものづくりをテーマとする展示会も複数開催していますし、「ジャパンホームショー＆ビルディングショー」のような住宅・ビル建築をテーマとするものもあります。いずれも、さまざまな企業や団体が集い、相互にwin-winの関係を結べるような場づくりを行っています。

EPILOGUE

「2024年問題」は「2024年チャンス」

「2024年問題」として懸念されている物流をテーマにした「国際物流総合展」も毎年開催しています。今年は580社・団体が出展し、4日間で約8万5000人が来場しました（取材時2024年）。

物流業界は今、大きな転換期を迎えています。ドライバーの高齢化と人手不足、EC市場の拡大による物流量の増加、「働き方改革」による労働時間短縮の要請など、従来のビジネスモデルでは対応が難しい状況になりつつあります。

しかし私は、これを「2024年問題」ではなく、「2024年チャンス」と捉えたいと思います。物流業界の課題が社会問題として明確に認識され、国が本腰を入れることを表明しているのですから、課題解決に向けて取組みを加速させるチャンスにほかなりません。今こそ、自動運転技術、ドローン配送、物流ロボットといった最新技術を持ち寄り、物流業界全体の効率化、生産性向上を目指した取組みを推進すべきときなのです。

もっとも、労働時間短縮については、むしろ日本経済を停滞させる要素の一つなのではないかと疑問視しています。「働き方改革」というより「働かない改革」になってしまっている観があります。日本の競争力を取り戻し、インバウンドからアウトバウンドへと段階を進めるためにも、「働かない改革」に警鐘を鳴らしたいと思います。

物流業界に限らず、自動車業界や医療業界などさまざまな業界で、「思うところがあっても立場上言いにくい」という事柄は往々にしてあると思います。その点、JMAは、公平・中立であり、しがらみがありません。ゆえに、競合する企業・団体同士の結節点となり、メッセージを届けたり変革を後押ししたりする役割を担えると考えております。

2026年1月には、毎年1月にアメリカのネバダ州ラスベガスで開催される世界最大のBtoBの電子機器見本市「CES」にて、日本の製造業を集めた「日本パビリオン」の出展を計画しています。世界に向けて、日本が考えるコンセプトから日本の優れた技術力、高品質なものづくりをアピールするとともに、参加企業同士の連携を促進し、新たなイノベーションを生み出せるのではないかと期待しております。

私たちJMAは、今後も「社会課題解決のためのBtoBプラットフォーマー」として、社会課題のあるところにさまざまな企業や団体からなる「集団天才」を形成し、新たな価値を創造していく所存です。未病・医療分野は、多種に及ぶ法規制があり、複雑な構造を抱えています。多くの産業セクターでプラットフォーマーとして機能してきた経験をもとに、これから、医療産業においても、私たちが果たしていける役目があるのではないかと考えております。

PROFILE

小宮 太郎（こみや・たろう）

1972年埼玉県出身。亜細亜大学では硬式野球部に所属。4年時には学生コーチを務めた。経営学部経営学科卒業後、1995年東急建設株式会社に入社。大手私鉄工事現場の渉外や決算・安全管理業務、離島リゾート開発事業などに従事。2002年に一般社団法人日本能率協会に入職。展示会や海外研修、ものづくり振興事業、「シリコンバレーニュージャパンサミット」などを手がける。2018年産業振興センター長に就任。バンコク、上海でのカンファレンスを実施。2020年理事就任。2022年専務理事就任。現職。

EDITOR'S NOTE　編集後記

2040年、医療のDXが描く希望の未来

　ここまで本書を読み進めてくださった皆様に感謝を申し上げる。医療の現状を探り、2040年のあるべき医療像を展望してきた過程で、皆様がさまざまな事例から未来への一筋の光を感じ取っていただけたなら、これ以上の喜びはない。

　私たちはいま、医療のDXという羅針盤を手に、未踏の航海へと漕ぎ出そうとしている。2040年に向けて、これから医療は、現在とはまったく異なる風景を描いていくことが予想される。高度なAI診断システムが医師の診断をサポートし、個々の体質や生活習慣に合わせた個別化医療が提供される。遠隔医療は都市部と地方の医療格差を解消し、誰もが質の高い医療サービスを受けられる社会。

　日本の超高齢化社会への挑戦は、容易な道のりではない。しかし、その苦難の道のりの中で培われていく知見と技術は、世界各国が直面する高齢化問題の解決策となりえるものだ。医療分野における日本のリーダーシップは、国際的な連携を促進し、世界中の医療の未来を明るく照らす光となれるはずだ。

　これは夢物語ではない。いまこの瞬間にも、多くの医療関係者、研究者、企業が未来の医療を創造するために情熱を注いでいる。病院、企業、そして国が一致団結し、それぞれの強みを結集することで、この難局を乗り越えることができる。すでに先進的な取組みを進めている医療機関も存在する。彼らの成功事例を参考に、互いに学び、協力し合うことで、医療のDXの可能性は無限に広がるだろう。

　しかし、真の変革は、一人ひとりの意識改革から始まる。医療従事者は新たな技術を積極的に活用し、患者中心の医療を提供していくのだ。医療関連企業は革新的な技術やサービスを開発し、医療現場のニーズに応えていく。そして、私たち一人ひとりは、自身の健康管理に積極的に取組み、医療システムの持続可能性に貢献していくのである。

　未来は、私たちの選択によってつくられる。医療のDXという希望の光を確かな未来へとつなげていくために、いま何をなすべきか。その答えは、本書を読み終えた皆様の胸の中にあるはずだ。医療のDXは、単なる技術革新ではない。それは、人々の健康と幸福を実現するための、壮大な社会変革なのだ。共に手を携え、未来への扉を開こう。医療のDXが描く希望の未来は、すぐそこに待っている。

2025年1月
日本能率協会

THiNK! 別冊 No.15

2040年医療における
DXとデジタルヘルスによる
未来への航海
超少子高齢化社会への挑戦

2025年2月18日発行

監修	一般社団法人日本能率協会
監修担当	一般社団法人日本能率協会（朝日健介）
ディレクター	岡村由貴
編集協力	株式会社 Sacco（加藤俊、牛丸敦司、宮原絵梨奈、田口友紀子）
デザイン	株式会社 dig（峰村沙那、成宮成、坂本弓華、山田彩子）
印刷・製本	昭栄印刷株式会社
発行者	山田徹也

東洋経済新報社
〒103-8345 東京都中央区日本橋本石町 1-2-1
電話 東洋経済コールセンター 03-6386-1040
https://toyokeizai.net/

©TOYO KEIZAI 2025
Printed in Japan ISBN978-4-492-96246-6

本誌中、特に出所を明示していないものは、各種公開資料に基づいて作成されたものです。

本書のコピー、スキャン、デジタル化等の無断複製は、著作権法上での例外である私的利用を除き禁じられています。
本書を代行業者等の第三者に依頼してコピー、スキャンやデジタル化することは、たとえ個人や家庭内での利用であっても一切認められておりません。